微信扫码,加入本书读者交流圈,
向作者提问,与大家交流,互动
你我他。

本书系江苏省教育科学"十二五"规划重点资助课题(B-a/2013/02/002)"数学史视野下的小学数学教学的案例研究"的成果

数学史走进小学数学课堂 探索丛书

蔡宏圣　主编

数学史
走进小学数学课堂：
案例与剖析

蔡宏圣　著

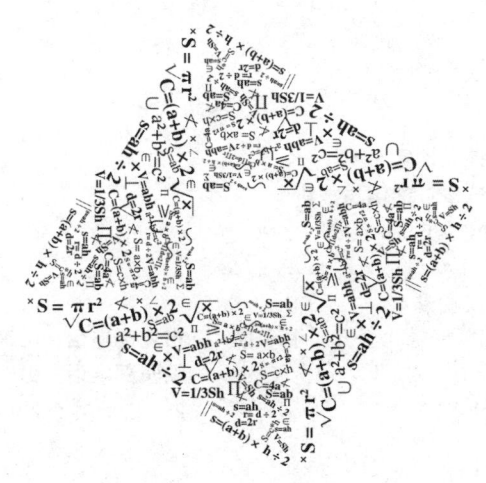

教育科学出版社
·北京·

出 版 人　李　东
责任编辑　郑　莉
版式设计　宗沅雅轩　孙欢欢
责任校对　张　珍　刘　婧
责任印制　叶小峰

图书在版编目（CIP）数据

数学史走进小学数学课堂：案例与剖析 / 蔡宏圣著. —北京：教育科学出版社，2016.8（2023.9重印）
（数学史走进小学数学课堂探索丛书）
ISBN 978-7-5191-0754-3

Ⅰ．①数… Ⅱ．①蔡… Ⅲ．①数学史—教学研究—小学 Ⅳ．①G623.502

中国版本图书馆CIP数据核字（2016）第187796号

数学史走进小学数学课堂探索丛书
数学史走进小学数学课堂：案例与剖析
SHUXUESHI ZOUJIN XIAOXUE SHUXUE KETANG：ANLI YU POUXI

出版发行	教育科学出版社		
社　　址	北京·朝阳区安慧北里安园甲9号	市场部电话	010-64989009
邮　　编	100101	编辑部电话	010-64981357
传　　真	010-64891796	网　　址	http://www.esph.com.cn
经　　销	各地新华书店		
制　　作	宗沅雅轩		
印　　刷	保定市中画美凯印刷有限公司		
开　　本	720毫米×1020毫米　1/16	版　　次	2016年8月第1版
印　　张	12.25	印　　次	2023年9月第11次印刷
字　　数	174千	定　　价	35.00元

如有印装质量问题，请到所购图书销售部门联系调换。

序 一

一项创造性的研究

| 成尚荣 |

早就听说蔡宏圣有一个全新的研究方向、重要的研究领域：数学史与小学数学教育研究。因此，我一直在关注。直觉告诉我，这一研究有着重要的、特殊的价值和意义，有新意，有厚度，有分量。研究得好，可以开启小学数学教学改革研究的另一个视角，开辟小学数学教学改革研究的一个新领域。当然，我的直觉还是有一些理性思考支撑的。相信，不少专家和教师也都会有这样的直觉判断。

这几天，我翻阅了他在这一研究领域中案例部分的成果，边看边感动，越看越想往下看。这是一位小学数学特级教师在实践中、研究后写成的书，问题导向、实践导向十分鲜明，很接地气；他所叙写的教学案例，情境化、现场感很强，真实、自然、鲜活。这又是一位研究人员基于实践并超越实践的理性追索；在书斋里，在历史典籍里，在活生生的课堂里，潜心阅读、寻找突破、创新实践、剖析提炼，历史的悠久感、纵深感和理性精神跃然纸上，清晰、深入、浅出。这似乎还是一位数学史的关注者和学习者对历史深情的回望，充满温情和敬意；他从历史出发，观照现在，将现实和数学史相联结，充满深沉的思考；他还在前瞻未来，对小学数学教育充满着美好的想象。这一专著告诉我们，宏圣的研究与实践是成功的，成果丰厚，证实了我的预言：为小学数学教学研究开辟了新领域，寻找到了一个新的突破口和生长点，增加了小学数学教学研究的学术含量。前几年，我给宏圣写过一篇短文——《蔡宏圣的数学理性气质》，其中说他的文字里"透析着一种哲思、深刻"，说他"是一个真正的研究者"。这几年积淀下来，我们又欣喜地发现，宏圣正在进行一个更为重要的转化：从教师到研究者再到学者。在小学教师的群体中，能有这样转化的人,少之又少。我相信,宏圣的这一转化终会实现,我的又一个预言同样会被证实。

研究之所以说成功,是因为宏圣成功地回答了以下一些问题。这些问题不仅是教师们普遍持有的,也是一些研究者、学者们所想探讨的。也许,数学史与小学数学教育研究有非常重要的意义,正是这些问题的提出与回答,使得这些问题变得敞亮起来、澄明起来。

首先,什么叫"数学史与小学数学教育研究",这需要定义。宏圣从对"历史"的定义开始。"'历史'一词的意思,在中国都包含在'史'字里。'史,记事者也,从又持中。中,正也'(许慎《说文解字》),即保持中正的态度用右手记事。"这段话从文献中来,恰当地选用、准确地点击了数学史的重要特质,数学史视野下数学教学坚守的是理性的精神和科学的态度。从历史出发,对于数学的概念教育宏圣又说,"定义,并不是最重要的","一个定义不等于概念的全部",尤其是对小学生来说,"不应该抛开概念的意义只教定义,或者围绕着概念的定义组织判断等训练","重要的是通过一个个具体的事例和情境,让学生体会和领悟这个概念的多方面意义",进而"创造学生对概念的理解"。这样的阐释,让我想起马克思的重要观点:"在科学上,一切定义都只有微笑的价值。"宏圣还是相当有见解的,他的研究成果向我们展开了笑脸,在微笑价值的背后有着更深沉的思想追求及对学术价值的崇尚。

其次,小学数学教育为什么要关注、研究数学史。这里涉及何为数学史以及数学史何为的问题。蔡宏圣首先基于数学史家M. 克莱因"历史是教学的指南"的观点提出:"历史呈现了知识的来龙去脉,叙说了人类认识如何步步深入,在抽象的过程中我们就能体会和把握认识提升的关键。"数学史具有回望与前瞻并存的特点,因而推动了数学及其教育的发展。"数学史,研究数学知识的起源、形成和发展,向前能诠释一个知识、一个思想乃至一个数学分支的源,向后能诠释它们的流。"源与流正是在"向前"又"向后"中,在这样的"诠释"过程中,清晰起来,涓涓流动起来。于是,"诠释"也成了数学史在数学教育研究中的基本方法。往深处看,关注、研究数学史,是一种回溯——回到历史,回到原点,回到经典,回到过程,因而回到规律,回到发展方向上来。历史学家阿诺德·汤因比曾提出"元历史学"概念。他认为,

"元历史学关注的是历史的性质和意义以及历史变迁的原因和意义"①。不难理解，数学史与小学数学教育研究，对于培养教师进而培养学生元认知的学习意识和能力有重要意义，这当属一种深度学习。意义不仅在此，还在于数学史"提供了整个课程的概貌"。因此，数学史与小学数学教育研究具有知识论、教学论、课程论以及哲学、历史学等多方面的意义，印证的正是历史学家琼斯所提出的"历史赋予事件的意义"②这一重要判断。

再次，小学数学教师为什么要关注、研究并恰当地运用数学史。这是与上一个问题自然、紧密联系在一起的问题，与小学数学教育关系尤为密切。宏圣非常明确，"一个小学数学教师读数学史，不是为了教数学史，而是为了教数学"，是为了更好地教数学。"读史是用史的基础"，而用史主要用于数学教学实践，因为，"一个教师知道了一段数学史实，他设计的教学能有多大的创新性和发展性，取决于他有没有读透进而读活数学史"。从字面上看，一个小学数学教师要读透且读活数学史是相当困难的，不过，宏圣有自己独到的诠释："为了教学的数学史研读，是立足于现实中的'人'而去关注历史中的'人'。"关注人，无论是历史中的人，还是现实中的人，他关注的是数学文化、数学教育文化，因为文化是人化，是人创造了文化，是人创造了数学史，只有关注人，才会有真正的创造。蔡宏圣坚定地认为，数学史研究不是在教学中"历史复原"，而是从中发现人，发现规律。这就是"读透"、"读活"。在这样的过程中，教师的专业就会更为厚重，视野就会更为宏大，思考就会更为深刻。

第四，数学史视野下的小学生是怎么学数学的。不管数学教育怎么改，都是为了儿童，舍去儿童这一主语，数学教学其实已经死去了，反之，坚守儿童这一主语，才会有完全的句子，也才会有独特的句子——独特的理解以及所建构的教学模式或范型。宏圣一直在研究儿童，而且他对儿童研究有他自己的见解："读懂儿童不是泛化意义上追求对儿童的理解，而应突出地表现为细腻地、科学地对儿童在数学学习中的思维活动做深入了解和分析。"这不仅是一种研究方式，更是一种研究品质。在这样的品质引领下，他运用生物发生学的定律来介绍数学教学中儿童的学习："一个个体的发育史会重蹈其种

---

① 汤因比. 汤因比历史哲学 [M]. 刘远航，编译. 北京：九州出版社，2001: 57.
② 琼斯. 英国历史学家 [M] // 汤因比. 汤因比历史哲学. 刘远航，编译. 北京：九州出版社，2001: 61.

族的发展史。这表现在数学学习中,就是学生学习数学的认知过程与数学史的发展过程相似。"接着,他提出了几个"没有变":"认知面临的冲突没有变"、"认知拓展面临的挑战没有变"、"认知向前推进的逻辑没有变"。这几个"没有变",其实是发展的逻辑和规律没有变。那么,回到那特定的认知过程中去,自然会遭遇到那些"老"问题,遭遇到前人曾遭遇到的问题。由此,他产生了一个精彩的观点:"历史中数学家曾经那么像儿童"。与数学史相遇不就是与历史中像儿童的数学家相遇吗?儿童与"儿童"相遇,才会有数学学习的真精彩。数学史与小学数学教学研究,其中的学术研究、教学研究固然重要,但这一切都是为了儿童,为了儿童会学数学,为了儿童数学素养得到进一步发展。相信数学史背景与理念下的儿童数学学习,更有历史的纵深感和厚重感,从历史的深处走来,带着"再创造"又走向未来。

数学史与小学数学教育研究还有不少可圈可点的地方。在阅读过程中,总发现不少珍珠在那儿闪光,而这些闪光的珍珠现在已串成了一条珍珠链,形成了闪光的图谱或曰坐标。对这样的成果我们在表示祝贺的同时,也深表钦佩之意。

小学数学教育研究已经有了很多风景,当大家沉醉于已有风景的时候,宏圣在开启一扇新的窗,他研究的这些成果正在教学的田野里绽放异彩。在若干年以后,这些研究成果也许会成为历史的一部分。不知那时的教师们、研究者们对此是怎么研读、怎么评价的。不管将来有什么样的看法,有一个声音一定是非常响亮、强大的,那就是:曾经有一位小学数学特级教师,在数学史的田野里耕耘过、播种过,他给我们留下了十分宝贵的财富。这一新视野的开拓,给小学数学教育研究带来了一个既具有历史意义又具有时代特点的研究课题,而这位特级教师的名字就叫蔡宏圣!

(作者系国家督学,教育部中小学教材审查委员会委员,原江苏省教育科学研究所所长)

序 二

是案例，更是一个新的领域

|汪晓勤|

数学史与数学教育的关系（HPM）[①]是数学教育中特色鲜明、富有魅力、前景广阔的研究领域，数学史融入数学教学的实践与案例开发则是HPM领域的重要方向之一。我国学术界从21世纪初开始关注HPM，迄今已历经十载。十年间，已经产生了相当多的研究文献，但纵观这些文献，关注中学数学教育的居多，涉及小学数学教育的偏少；讨论数学史教育价值的居多，开展数学史融入数学教学实践的偏少；而数学史融入小学数学教学的实践探索更是凤毛麟角。

令人欣喜的是，宏圣老师和他的团队近年来筚路蓝缕，潜心研究，不懈探索，精心实践，在HPM领域异军突起，成就斐然，弥补了小学数学教育中HPM研究不足的缺憾。呈现在我们面前的《数学史走进小学数学课堂：案例与剖析》一书就是他们取得的重要成果之一。

作者针对小学数学中的一些典型知识点，如小数、负数、用字母表示数、圆的面积、方程等，首先进行教育取向的历史研究，从历史中寻找有关概念、公式或思想产生的动因以及发展过程中的认识论障碍，然后结合学生的认知特点，对历史进行重构，形成教学设计，最后付诸实践。从这些HPM教学案例中，我们看到了数学史对学生多方面的教育价值。

一是体现知识之谐。古罗马哲学家西塞罗曾经说过：如果我们以自然为

---

① 1972年，在英国召开的第二届国际数学教育大会上，成立了数学史与数学教学关系国际研究小组（International Study Group on the Relations between History and Pedagogy of Mathematics，简称HPM）。1976年，该研究小组开始隶属于国际数学教育委员会。自此，数学史与数学教育的关系成了数学教育的重要研究领域之一。

向导，那么自然是决不会让我们误入歧途的。我们同样可以说：如果我们以历史为向导，那么历史是决不会让我们误入歧途的。数学史告诉我们，任何数学概念、公式、定理、思想都不是天上掉下来的，都有其自然发生发展的过程。以史为鉴，方能确保课堂上每一种新知识的产生是自然而然、水到渠成的，既符合学生的认知基础，又激发了学生的学习动机。可以说，本书的所有案例都将历史无声地再现于课堂之中，充分体现了宏圣老师的"和谐数学"思想。

二是获取探究之乐。数学史蕴含着丰富多彩的问题、思想及方法，我们可以借鉴数学史为学生提供探究机会，让他们经历知识的发生发展过程，积累数学活动经验，获得成功的体验。圆面积、负数、认识厘米等教学案例都生动地体现了这一价值。

三是展示文化之魅。数学史融入数学教学时，课堂上恢复了人的元素，学生在学习用字母表示数时，认识了丢番图和韦达；在学习圆面积公式时认识了开普勒；在学习小数时，知道了分数的故事，等等。从学生会心的微笑中，我们看到数学文化所营造的不一样的课堂。

四是彰显德育之效。在数学史融入数学教学的过程中，数学家似乎是班级里一名"额外"的学生，而每一位学生在不知不觉中都成了数学家。跨越时空的交流，让学生亲近数学，热爱数学，树立学习的自信心，成为数学学习的主人。

从本书中，我们也看到了数学史对于小学数学教师专业发展的重要价值。这里以教师的专业知识——MKT（完成数学教学工作所需要的数学知识）为例。MKT由一般内容知识、专门内容知识、水平内容知识、内容与学生知识、内容与教学知识、内容与课程知识组成。除了一般内容知识，其他五类知识都与数学史有密切关系。

"专门内容知识"是指教学所特有的数学知识和技能。对于许多"为什么"的回答，需要教师拥有专门化的知识，而数学史就是这样的专门化知识。为什么有了分数还要学小数？小数是很小的数吗？为什么小于直角的角被称为锐角？诸如此类的问题，都属于"历史上的为什么"，非逻辑手段可以解决。"水平内容知识"是指对整个数学课程中数学主题之间联系的了解。以圆面积为例，古希腊数学家阿基米德、德国数学家开普勒都是通过将圆转化为三角形来获得面积公式的，数学史揭示了圆和三角形之间的联系，因而为教师提供了水平内容知识。"内容与学生知识"是指对学生的了解和对数学的了解相结合的知识。在16世纪法国数学家韦达之前漫长的历史长河中，没有人想到用字母表示任意数，我们完全可以预测，在"用字母表示数"这个主题上，学生一定会有困难；由于将零视为"没有"，欧洲人直到19世纪还不接受负数，我们也有理由相信，学生在课堂上一定会遭遇认知障碍。因此，数学史为教师提供了内容与学生知识。"内容与教学知识"是指对如何教授的了解和对数学的了解相结合的知识，本书中的所有案例都揭示了数学史与这类知识之间的密切关系。"内容与课程知识"是指对课程大纲、课程标准有关要求以及有关教学材料的了解。作为课程资源，数学史是小学数学教师不可或缺的课程知识。

  总之，本书既揭示了数学史对小学生多方面的教育价值，也揭示了数学史对于小学教师专业发展的重要意义。我深信，本书的出版必将让更多的小学数学教育工作者关注HPM，喜爱HPM，并走进HPM。我更期待，千千万万的小学数学课堂都能因为HPM而洋溢着数学文化的芬芳，千千万万的小学生都能因为HPM而更加亲近数学、理解数学、热爱数学。

  在本书付梓之际，谨向宏圣和他的团队表示祝贺，略志数语，聊以为序。

（作者系中国科学院科学技术史博士，华东师范大学数学系博士生导师）

序 三

赞，小学数学教育改革的新探索

华应龙

蔡宏圣主任多年执着于心的课题，近来完成了其成果新著——《数学史走进小学数学课堂：案例与剖析》，我作为其同道、同行、同乡和多年相交、相识、相知的挚友，感到由衷的高兴。谨以此文权应其邀，忝为一序，并对他的课题研究及其新进展，表示诚挚的祝贺和无上的敬意！

一、丰富切实的专著特色彰显

数学史与小学数学教育的研究课题，是宏圣先生从自身所从事的小学数学学科教育出发而集聚多年心力展开探寻的一项研究事业。本书以"案例与剖析"的体例，从小学数学教学内容的若干典型个案出发，通过课堂教学的真实过程，显示课题研究的思想深度与实践界面。研究中作者着眼于现实中儿童的小学数学认知建构，搜集和运用所研究的数学史资料，抓住数学科学发展的历史事件、历史现象和数学科学发展进程的思维轨迹，潜心寻觅个体儿童数学认知建构规律，聚焦认知障碍，捕获数学信息的核心，明确当下的小学数学课堂教学改进的发力方向。

宏圣的新著能够紧抓小学数学教学内容的序列转折和认知拐点，筛选出关于负数、字母表示数和方程、厘米和平行线、24时记时法、乘法和乘法竖式、小数和圆的面积等十个认识类典型数学新概念教学课题。作者积极拓展、辛勤挖掘，充分感悟数学学科的教法思想。新著尽力挖掘和展示数学科学发展的历史细节，分别从"史海钩沉"、"史料梳理"、"教学探索"和"提示解读"四个篇章，去深入揣摩、积极探索和拓展课题认知。他搜罗、体悟前人的认知困惑，寻找和再造数学定义的约定过程，从而设计有深度、有新意的数学教学，再上升到教学认识的新高度加以思辨、凝炼，随教随思，即悟即言。比如，认识负数的案例"提示解读"部分中"学习关键概念，本质上就是改造人——重组他的经验世界，拓展他的认知疆域，提升他的数学思维"，说得多么深刻啊！

其间，由史而思，从思而创，由课而论，一语中的，以此显示了该课题研究的务实性、典型性、连贯性和创造性。让兄弟得陇望蜀、寄予奢望的是，从数学课程领域而言，如能在概率与统计和综合与实践方面有所顾及，该书当会愈发完满。

二、多元转换的课题立意视界

新著"案例与剖析"的撰稿，非一日之功、一孔之见。作者长期积累、厚积薄发、多管齐下，不仅仅作为教者，更经历了多重身份与角色的变换。其中至少有五种变换：有作为历史研究者对于数学专业历史的深情回望，有作为心理学研究者对于数学认知思维进程中数学认知矛盾和数学进展原动力的刻意探究，有作为教育工作者对于儿童学情、心理发展的准确把握，有作为教学研究者对于小学数学教学实践尝试的智慧创新，还有作为科学研究者对于数学教育做出课题认知的最新升华。而案例的积累由一而三，直至十，表达了紧扣课题立意的十个不同的研究启示。作者将筛选、观察、分析、实践创新与思辨研究集于一身，一鼓作气、步步紧逼、一气呵成，成就特色鲜明、可读性很强的研究新著！这需要多么巨大的开拓勇气，多么灵活的方法变换，多么执着的意志坚守！

课堂教学面对的是一个个鲜活的个体生命。虽为群体教学，但相对于人类的认识史而言，课堂上学生的思维就是个体思维。我们知道，历史是现实的一面镜子。尽管随着时空的变迁和不绝的流逝，生物种系会有一些变异，但是，从整体来说，种系发展的历史中都会存留、包含若干个体传承发展的信息，而个体发展的历程中也就投射、浓缩和包蕴了种系发展的信息编码。当下的个体是种系历史的投射和浓缩。我们既可以窥一斑而见全豹，也可以从全豹而推知一斑。当然，这不是简单的推理和衍化，而需要特殊的研究努力与独特的技术发现。从人类数学学科历史考察中，可以提供对当下儿童个体数学认知推进的预见性把握，当然也能够从当下儿童个体思维中窥见、回望历史中数学巨子曾为的数学儿童——"历史中数学家曾经那么像儿童"。

由案例的研读，可以获知作者当下的小学数学课堂，个体儿童现实的数学学习与数学史中人类认知发展不时地实现了对接。这就让儿童的数学思考具备了宏阔的史观底蕴，从而使得小学数学教学更接地气，更具灵性。基于这样的数学课堂教学，也就赋予了本课题研究深度的探索性和新颖的创造性。这是他坚持以史为鉴、古为今用探究方向的结晶。他纵观数学学科不断展拓的历程，从中反观现实的儿童数学学习，让当下儿童的数学课堂整体上再度经历数学科学的历史思维，出现鲜活的过程性细节。比如，在本书"24时记时法"教学中，不但讲述了古人从上到下以水流多级的"铜壶滴漏"来计时，而且让学生造出黑白两把"时间短尺"；引导理解机械钟表周而复始旋转计时的便捷，进而诱导学生"胡思乱想"设计出1—24钟面刻度，再投影出新奇钟表的罕见实物，以此赞赏儿童的创新思考。这就使得如今的数学课堂集中突出数学科学发展的本质，丰富课堂的探究性韵味，展拓数学探究的历史性厚度。

这样的小学数学课堂，一方面引导追根溯源，另一方面提升思维深刻性与细腻度。儿童会为课堂的数学史和包蕴其中的逻辑性所吸引、所陶醉。当今的儿童会真切体验古今中外的数学巨匠如祖冲之、华罗庚、斐波那契、笛卡儿等数学探究的历史情境和冲突性经历，时不时地诱发出思维的新创意，真切感受学习数学的成功、思维的乐趣，体验生命成长的自信。这不失为一种独特而智慧的教学创造！

三、收获丰硕的研究历程启示

宏圣主任研究数学史与小学数学教育，撰写此书，成就了小学数学教学局面的深刻变化，并给教师成长、师资队伍建设以及教师的教科研提供了多方面的启示。

1. 实现了小学数学教学的深层变化

本课题通过开掘数学史资料的科学矿藏，大量搜罗古人是如何认识和形成数学概念的，追溯远古历史的当时遇到过什么矛盾，发生过什么人和事，要去选取、链接移植与儿童的数学认知相类相近的故事性元素，引领现实中儿童的认知建构。这样的研究性数学教学努力的发展意义十足，令小学数学课堂教学焕然一新，形成了鲜明的课题特色：其一，这使得现实的小学数学课堂教学具有了生动的情境性和趣味性；其二，使得当下的数学课堂教学获得了灵感激发的可能性与成长的智慧性；其三，使得儿童从日常的数学课堂教学中，感受到宏观的发展性和深邃的人文性；其四，这样的数学教学具备了新时代基础教育对数学教学所要求的全面的教育性、促进素质发展的多元性。在这样的数学课堂教育活动中，儿童的主体地位得以确立，师生课堂生命的感受深刻独特而活力四射！

2. 提示了对于教师要求的高标准定位

通过考察该课题、研读本书，我们明显感受到，当今社会经济和科技发展加快，国际竞争日益激烈，人类的认知信息急剧膨胀。在这样的新时代，对于教师的要求也呈现出峭壁式的大幅攀升。教师不应当只是讲究教、关注学，他应当是一个研究者，而有成就的研究者教师还应当是一位多面手。诚如该课题的开掘，她需要数学教学工作者具备较为专业的数学史研究者、儿童心理洞察者、数学认知思维研究者和教育科学研究者的多重角色。研究中需要实现视界的灵活切换、精力的多频道投射。宏圣先生的该课题研究成果，以无可辩驳的事实彰显了新时代有抱负的数学教师，必须成为多元研究者的必要性和跋涉攀登的无限可能性。

由此我们明白，教师教法风格是怎么形成的了。实际上，教师的长期学养、知识储备的不同结构和深入程度，再加上跟进的同道群体的亲近交往、长期感染影响，铸就了其教学特色和风格个性的多样性和璀璨性，并会显露出其教学风格的不同流派！

3. 昭示了教师教科研的成功之道

古人说："师者，所以传道、受（授）业、解惑也。"人师以育人为己任，以讲授课业为常态。立足教师岗位的课题研究，就当探究育人之道，心系课业讲授之途。宏圣先生研究数学史与小学数学教育，撰写此书，正是立足于讲坛，为了育人。他从儿童学习数学的认知建构的需要出发，以史为鉴，再创原初的认知情境，复归现实的数学课堂加以课业讲授、创新运用、检验反思，从而丰富、展拓、建构自身宏大的课题认知体系。这就显示出其研究特点：一是教师的研究是从实际教学工作需要出发的；二是教师的研究要借助实际教学活动完成课题认知；三是教师研究的成果直接输送到课堂教学实践之中；四是教师的研究中，往往会成功地运用"类"与"个"、"古"与"今"、"彼"与"此"的全息投射迁移。简言之，教师研究是为教而研、在教中研、研归教中、以研促教的。研围生转，研不离教，这应当是我们教师研究的本色。宏圣不愧是个聪明的育人者，睿智的研究者，博学勤奋的学习者——不，令人敬佩、成果富宏、"圣"名远播的学者！

"海内存知己，天涯若比邻。"我与宏圣是同饮长江水长大的，我们多年一起在南通的教坛共同打拼，一道相互深情顾望，一同接纳南通地域江风海韵的人文熏陶。宏圣跨古今时空，以史为鉴，融古烁今，从南通放眼全省和全国。"南通教育现象"在我们所共同从事的小学数学教育中得到了某些彰显。让我们继续相互携手，多元开掘，协力同心，只顾崎岖，共谋中国小学数学教育研究无限美好的明天！

（作者系北京第二实验小学副校长，全国著名特级教师，首批"首都基础教育名家"）

目 录

写在前面　走自己的路，让别人发现这也是条路　/ 001

① 在历史中甄别儿童的学习障碍——以"认识负数"为例

> 只有把握人类认识提升的路径、过程，特别是遭遇的障碍、挫折，我们才能对人类的孩子应该如何学习做出更为理智的判断。

【史海钩沉】令人晕头转向的负数　/ 002

【史料梳理】是什么妨碍了数学家们接受负数　/ 004

【教学探索】"0，它——不——是——数"　/ 006

【提示解读】多剖析人类认知提升的障碍　/ 013

② 让历史来言说"教什么"——以"用字母表示数"为例

> 人类认知提升的每次进步，都是历史的智慧选择。所学的新知识到底意味着什么，到底高明在何处，回到历史中，你才会醍醐灌顶般地醒悟。

【史海钩沉】从算术到代数　/ 018

【史料梳理】为什么是韦达被誉为"近代代数学之父"　/ 021

【教学探索】"还是写不完"　/ 023

【提示解读】在回味中把握认知突围的关键节点　/ 032

③ **以史为镜捕捉知识的核心价值**——以"圆的面积"为例

> 解决一个问题，往往有多种办法，似乎它们都有意义。历史会告诉你，什么办法才切合历史发展的主流方向，具有在当下最应该被彰显和放大的价值。

【史海钩沉】所有的探索只为了"化曲为直" / 036
【史料梳理】"无限分割"才是攀登未来的天梯 / 039
【教学探索】"我觉得最后会变成一根针" / 041
【提示解读】独到的，才是值得放大的 / 049

④ **历史的方向就是教学努力的方向**——以"认识平行"为例

> 方向对了，越努力才越能体现价值。有些教师的教学有着更为宏大的视野、更为清晰的方向，可能就是因为历史便是如此推进的。

【史海钩沉】欧氏几何的发展史几乎就是平行的思辨史 / 052
【史料梳理】历史能"养人" / 056
【教学探索】"要一动不动地移" / 058
【提示解读】越统一，就越深刻 / 066

⑤ **读史犹如拼图**——以"乘法的初步认识"为例

> 读数学史的本质，是立足于现实中的儿童去关注历史中的人，追问人类为什么要拓展认识，如何实现认识提升的，遭遇了什么障碍……

【史海钩沉】数的起源大概是这样的…… / 070
【史料梳理】更为可贵的是确立历史意识 / 074
【教学探索】"我这算式叫2加9个" / 076
【提示解读】数学史的读透与读活 / 081

⑥ 数学史的链接、再现与融入——以"24时记时法"为例

> 用史的出神入化,是各种方式的灵活兼用。有些方式看似简单,但在情境中对儿童的影响却是巨大的。

【史海钩沉】时间测量:约定俗成和科学定义并用 / 086
【史料梳理】"日"是人类把握时间的原点 / 089
【教学探索】"时针一天要转两圈的" / 091
【提示解读】数学史的遴选与使用 / 098

⑦ 课堂中的历史只能是经典的那几步——以"认识厘米"为例

> 数学的历史已经无法选择,但哪些史料进入课堂必须要经过选择。宏大的历史欲呈现在有特定时空限制的课堂里,只能再现历史的经典时刻与关键节点。

【史海钩沉】计量:从随心所欲到科学规范 / 102
【史料梳理】重要的是单位及其统一 / 104
【教学探索】"5根要比3根长" / 106
【提示解读】再现历史,不复制历史 / 112

⑧ 懂历史,才更懂定义是多么苍白——以"认识方程"为例

> 人类使用某个数学方法解决问题的历史有几千年之久,但形成概念给出定义的历史只有几百年,这种历史现象启示概念教学宜基于定义,超越定义。

【史海钩沉】方程:初等代数的"宠儿" / 116
【史料梳理】创造"方程"知识的本源动机 / 119
【教学探索】"不,我们还有很多问题!" / 121
【提示解读】定义,并不是最重要的 / 129

⑨ **争论，在历史面前都会噤声**——以"乘法竖式"为例

> 解决问题的数学原理早已明确，上下几千年，人类只是在约定具体推进的规则和表达的方式。既然如此，学习的过程应该是各种方式慢慢规范的过程，"只能这样"的约束毫无意义。

【史海钩沉】整数乘除计算的前世今生 / 132
【史料梳理】规则，有时就是一种约定 / 136
【教学探索】"能否把三个竖式写成一个竖式" / 138
【提示解读】让个性化的方法多"飞"一会儿 / 144

⑩ **有些为什么只能由历史来回答**——以"小数的意义"为例

> 儿童们好奇心强，会冒出很多稀奇古怪的"为什么"。有些问题，用数学内部的逻辑推理是无法回答的。这种时候，只能用数学史来回答。

【史海钩沉】被逼着诞生的小数 / 148
【史料梳理】小数和十进制记数法更有渊源 / 151
【教学探索】"'一'后面还有计数单位，用'一'再除以10" / 153
【提示解读】用历史弥补逻辑的无能 / 165

参考文献 / 169

写在前面

走自己的路，让别人发现这也是条路

2000年8月起，我来到了教研室工作，渐渐地对课堂教学生疏了不少。这之后，有高人点拨我：如果你还想在专业上继续提升的话，必须回到课堂中去。2003年4月，趁着一个大型教研活动的机会，便逼着自己沉下来再去上课。那时候，要执教的课题是"乘法的初步认识"，之前所有的教学几乎都直截了当地告诉学生：像"2+2+2+2+2+2+2+2"这样的加法算式还可以写成乘法"2×8"或"8×2"。在备课中自己揣着一份顾虑，如果我的教学在概念形成的关键节点处也如此走过场，那听课教师如何评点我教研室副主任的身份?!于是，就琢磨"从加法到乘法，人类的认识是如何提升的"，教学能不能重现这样的历史经典时刻，从而让学生透彻把握一个数学知识的必要性和本质意义。就这样，无意中步入了数学史的领地。

很多时候，第一次做某事可能源自直觉，没有理由。当初次运用数学史获得广泛关注的热闹散去后，我慎重地思考起自己的专业发展该走怎样的路。课堂教学既是一种艺术也是一门科学。鉴于此，大凡对于课堂的追求就有两条路径：一种是认识上墨守成规，在工艺上、细节上求精致；另一种是锐意进取，在思路上求突破，可能工艺上有瑕疵，但会给人以启示。因此，课堂的美可以是外在的精致美，但四平八稳、老气横秋，在老的框架里守旧；也可以是内在的思想美，新意迭出、清新隽永，在新的天地里眺望，但可能细节上有瑕疵。鲁迅说，世界上本没有路，走的人多了，也便成了路。但在老路上走，永远是别人的路。专业成长的捷径应该是走自己的路，让别人发现这也是条路。由此，我选择了有意识地从数学史的角度去思考教学问题的专业成长路径。本书就是这十几年思考和实践的结晶，当然也是江苏省教育科学"十二五"规划重点资助课题"数学史视野下的小学数学教学的案例研究"的成果。

需要说明的是，这不是一本系统的数学史著作，我们只是选择了数学知识产生、发展历史中的几个相关碎片，而且由于参考的资料有限，涉及的数学史细节也可能不完整，甚至可能和最新的数学史研究成果有点滴的偏差。但这不妨碍我们把握数学演进的大致脉络，进而去深入思考和探索。这不是一本完整的数学教育著作，我们只是对数学教育实践进行了自觉的理性反思，虽零散没有体系，但却努力地揭示或敞亮数学教育规律点滴的智慧。这也不是一本纯粹的教学案例汇编，虽然案例占据了相当的篇幅，但案例只是叙述表达的方式，本书中所有的案例都表达着一种思考和观点。本书，什么都不是，但又似乎什么都是。一段时间里，我们甚至把书名定为"数学史·数学教育·数学课堂"，这样的书名透射着我们的追求。对，我们试图从数学史入手，从中提炼出之于数学教育的启示，再进一步在数学课堂中进行探索实践和理性总结。因此，书中每个案例都由四个板块组成，它们各具不同的侧重点，其中：

史海钩沉：简短的专题史，讲述某一知识或分支的产生与发展历史，重点是呈现历史；

史料梳理：对上述史料进行分析比较，汲取对数学教学实践的启示，重点是剖析提炼；

教学探索：基于数学史的剖析与提炼，进行教学实践的探索，重点是课堂实践；

提示解读：对案例中数学史的运用、数学史所蕴含的教育智慧、数学史之于数学教育的价值与意义等多个方面进行解读与提示，重点是运用策略。

由于全书的逻辑原点是相关的数学史，所以我们在撰写中把"史海钩沉"放在最前面，但四个板块又都相对独立，所以在阅读中，老师们可以随意选读。

不仅仅每个案例的四个板块既有内在的逻辑联系又相对独立，全书的10个案例间也呈现着这样的状况。10个案例总体上可以分成三个板块。其中，案例1—4揭示了数学史之于小学数学教育的价值。案例1揭示了数学史在"读懂儿童"中的价值；案例2和案例3揭示了数学史在"读懂教学内容"中的价值；案例4揭示了数学史对教师教学智慧的影响。案例5—7是第二板块，分别探讨了一线教师如何读数学史、如何运用数学史，以及实践中要注意的问题。可能这三个案例不足以说明一线教师在数学史运用中可能遇到的所有问题，但它们呈现了数学史运用实践中主要的策略与原则。案例8—10是第三板块，揭示了数学史视野下小学数学教育的点滴智慧。虽然数学教育学、数学学习心理学等学科给出了不少小学数学教育的规律，但数学史的视野为我们揭示小学数学教育规律开启了新的灵感、给出了新的启示，而且这些启示是独到的，值得去反复品味进而不断思索的。就像每一个案例中四个板块的阅读可以跳跃一样，全书10个案例的阅读也可以随性，不必囿于既定的顺序。

  实际上，几乎所有的老师都认同数学史之于数学教育的价值，而且运用得也越来越多；在各个版本小学数学教科书的编写修订过程中，引用数学史的次数也越来越多。这两个"越来越多"在一定程度上可以说明，数学史和数学教育的结合被众多数学教育工作者所认可和重视。但数学史润物无声般地融入数学课堂，在多数一线教师的眼里，还是被认为很"高大上"，有些小众。为什么会出现"看上去很美，做起来不多"的现象？一则，小学数学教师中很少有人有数学教育的高等教育经历，很多人没有系统学习过数学史。二则，大部分小学数学内容诞生在数学知识产生发展的早期，由于历史久远，有些是无迹可寻无法研究的，有些是没有重要价值不值得研究的。因此，教师可以拿来直接用到教学中的史料就很有限了。三则，有了数学史，但如果要运用到课堂中，还必须进行艰苦的再创造。这些难处，我们也都承受过。从做第一个数学史的案例到现在已经十多年了，这个时间的跨度也足以说明了其中的困难和艰辛。书中的所有章节几乎都几易其稿。即使如此，再次读来又会看到新的不足。由此深深感受到，我们所做的仅仅是在没有人走过的地方试着先走了几步，离成家立说还有太长的距离，但数学史的路值得去坚守和前行。例如，美国数学协会（MAA）下属教师数学教育委员会在其《呼唤变革：关于数学教师的数学修养的建议书》中，提议所有未来中小学数学教师：

  注意培养自身对各种文化在数学思想的成长与发展过程中所做的贡献有一定的鉴赏能力；对来自各种不同文化的个人（无论男女）在古代、近代和现代数学论题的发展上所做的贡献有所研究；并对中小学数学中主要概念的历史发展有所认识。①

---

① Katz. 数学史通论[M]. 李文林，邹建成，胥鸣伟，等，译. 北京：高等教育出版社，2004：序言.

数学史素养对一个未来称职的数学教师来说，越来越凸显其价值。特别在"立德树人、育人为本"的当下，历史的视野能让我们更宽广地拓展数学课程的边界，更清晰地把握住数学课程的独到价值，从而能运用学科独一无二的力量去凸显核心素养，达成育人的根本目的。

2016年9月，我从教将满30年。在专业成长的路上，得到了诸多前辈的提携和同行的关爱，限于篇幅不能一一提及，但感恩的心永在！仅仅就"数学史视野下的小学数学教学的案例研究"的课题研究和本书的写作来说，要特别感谢国家督学成尚荣、华东师范大学数学系博导汪晓勤先生的指点，使得课题的研究有了较高的起点；特别感谢江苏教育报刊社的王伟先生，提供了"课改地平线"的平台，实现了面向全国的课题中期成果展示；也特别感谢中国大陆的吴正宪、俞正强、贲友林、张齐华四位名师和中国台湾的刘柏宏教授、林美媛老师的支持，使得本课题研究获得了广泛关注；特别感谢课题组成员和我名师工作室成员的不懈坚守和辛勤付出，使得本书有了初稿，他们是季国栋、陈黎春、陈金飞、张范辉、刘爱东、高敏、曹健、顾卫华、夏佳娟；特别感谢教育科学出版社的郑莉编辑和审稿专家，在多次的沟通中，本书的结构和具体内容更趋完善！

走一条没有人走过的路，总是要更多地付出。我们很努力，但由于各方面的水平有限，书中的错误和不妥在所难免。如果这些缺陷能得到大家的包容，并吸引着大家一起去努力，那将是我们最大的欣慰！如果有什么建议，可以通过电子邮箱qdchsheng@163.com和我联系，让我们携手为小学数学课程改革的深入推进奉献自己的绵薄之力。

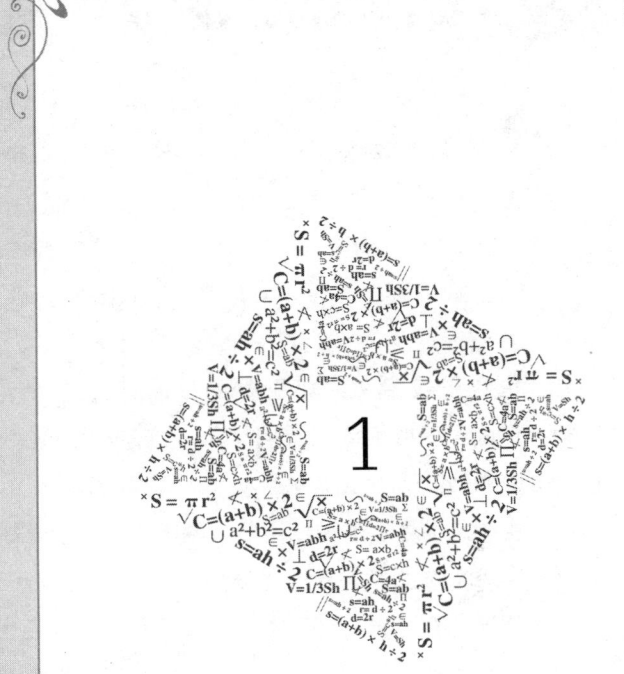

在历史中甄别儿童的学习障碍

——以"认识负数"为例

只有把握人类认识提升的路径、过程,特别是遭遇的障碍、挫折,我们才能对人类的孩子应该如何学习做出更为理智的判断。

史海钩沉

令人晕头转向的负数

负数一般定义为小于零的数,英文是 negative number。其中前一词 negative 表示否定或相反的意思。这从一定意义上表明,负数的使用首先源于生活中欠债、不足等问题。

中国是世界上最早使用负数的国家。战国时期,李悝(约前 455—前 395)在《法经》中说"衣五人终岁用千五百不足四百五十",其意思是说,5 个人一年开支 1500 钱,入不敷出,尚"不足四百五十",即还差 450 钱。这里的"不足",就是负数的意思。此外,卖、出、弱、付等文字都曾用来表示负数。

约成书于西汉中期的《九章算术》及刘徽的注释,比较系统地给出了正、负数的意义及加减法则。《九章算术》的第八章是《方程》。方程,是中国数学的一个独特概念,它是指按一定规则排成的长方形的诸多数字,与现在所说的"含有未知数的等式"毫无共同之处。如方程章第一题:"今有上禾三秉,中禾二秉,下禾一秉,实为三十九斗;上禾二秉,中禾三秉,下禾一秉,实为三十四斗;上禾一秉,中禾二秉,下禾三秉,实为二十六斗。问上、中、下禾实一秉各几何。"以方程术列出的式子便如右图,这里的每一个竖行都是一组可以成比例变化的数,即可以看作一组"率",而整个方程就是率的组合。解这样的线性方程组,使用了与现代矩阵变换本质相同的算法。为了消元,就会同时出现以多减少和以少减多的情况,这就是"两算得失相反"

1	2	3
2	3	2
3	1	1
26	34	39

(这里的"算"是指"算筹")。正是由于算筹的这种"并减之势不得广通",才想出了"正负以名之"的做法,并提出了负数的两种记法,"正算赤,负算黑,否则以邪正为异"。进一步消元时,必然有正数减负数、负数减正数、负数减负数、零减正数、零减负数等多种情况,因此就总结出了完整的运算法则——正负术。

负数的引入,是我国古代数学家对人类文明的杰出贡献之一。此外,很多国家也很早对负数有了感性认识，但都比我们稍晚一些，取得的成就也稍逊一些。但客观地说，算法中使用负数和在逻辑上真正理解负数是两个层面的事情。负数的数学意义，首先是西方数学家们建构起来的。

东方数学的发展满足于解决问题，所以对负数的认知只限于它的四则运算，直至近代也没有更多的突破。西方对负数的探讨虽然起步较晚，但理性思辨的传统，使得他们从一开始就聚焦于方程负数解的讨论上，并最终完成了对负数的数学抽象，不过其过程历尽艰辛，耐人回味。

13世纪初，意大利数学家斐波那契解释负数为"欠款"。15世纪，法国数学家许凯在1484年对解方程中多次出现的负数解用赊欠等词语解释了它们的意义。16世纪，德国数学家施蒂费尔在《整数算术》中正式用"+"、"−"表示加、减，并注意到负数不单是一种减数，还是小于零的数，比零小也就是"小于一无所有"，因而负数是"荒谬的数"。意大利数学家卡尔达诺的《大术》在欧洲历史上第一个详细讨论了方程的负数解，并指出三次方程有三个根，四次方程有四个根。在《大术》的第一章，对于方程 $x^4+12=7x^2$ 他求出了四个根 2、-2、$\sqrt{3}$、$-\sqrt{3}$，显然已承认方程可以有负根。他还指出，如果方程没有正数解，也就没有负数解。他把负数解称为虚构的解，即在现实生活中没有意义，正根才是实在的解。韦达则全然摒弃负数。笛卡儿也只是部分地接受了负数，他把方程的负根称为假根，因为它们代表比没有还要少的数。帕斯卡则认为从0中减去4是不可能的。帕斯卡的好友、神学家兼数学家阿尔诺对于 $-1：1=1：-1$ 提出了质疑，他说，由于 -1 比 1 要小，那么较小数与较大数的比怎么可能等于较大数与较小数的比呢？由此，他驳斥负数的存在。总之，在16—17世纪，绝大多数数学家都不承认负数也是数，即使承认了，也并不认为它们是方程的根。

因为所解的方程中一再出现负根，因此在1650年以后负数的运用便十分自由，但又由于人们对其概念及逻辑基础不甚清楚，数学家们仍继续粗制滥造一些证明以求心安，或者干脆反对对其应用，这种状况即便在18—19世纪也是如此。

就这样，方程的负根像个幽灵一般，弄得欧洲数学家们晕头转向，思维处于混沌之中，对其的争论前后约达500年。

当然，西方也有一些能够敏锐接受新事物的数学家，他们十分理智地对待负数。如意大利数学家斐波那契在《算盘书》(1202年)中提出,"除非承认负数"才可克服认识上的矛盾。1572年,意大利数学家邦贝利在《代数学》一书中正式给出了负数的明确定义。英国数学家哈里奥特也偶然地把负数单独写在方程的一边,并用"-"表示它们。另一位颇有远见的法国-荷兰数学家吉拉尔在1629年出版的《代数新发现》中用有限线段解释方程的负根。他旗帜鲜明地承认负数,并且提出用减号来表示负数。1637年,法国数学家笛卡儿出版《几何学》,代数方法的思想进入几何,产生了解析几何学。虽然笛卡儿本人不打算接受负数,但他的继承者们却将负数引入坐标几何,将平面点与负数、零、正数组成的实数对应起来,使负数获得了几何意义,加速了人们对负数的接受。

我国在相当长的时间里对负数的应用和思考没有更多的进展。直到近代,大批西方传教士来华,带来了西方的初等数学、天文历法及其他科技知识。1819年,李锐成书《开方说》,这是在中国数学史上第一次引入负根的概念。1893年,苏州博习书院的美国传教士潘慎文与绍兴人谢洪赉合译出版《代形合参》(共三卷,美国罗密士原著)一书,作者以"-天"来表示"-x",这是我国第一次使用现代符号"-"来表示负数。

至此,人类历经2000多年的思辨,终于从实践和理论两个层面上确立了负数的地位。

是什么妨碍了数学家们接受负数

生活中相反意义的量,一个记作正数,另一个就是负数。理解相反意义,也就能理解正、负数的意义。谁还不理解相反意义的量呢?没有,几乎没有。看来,认识负数是极简单的事情。但历史却告诉我们,人类在数学中理解负数,用了2000年左右!现在看来很简单的事情,为什么当初却如此曲折和艰辛？

　　理解了某个概念，就可以步入新的数学领域，这样的概念，我们不妨称为关键概念。负数就是这样的一个概念。早在数学的萌芽时期，人类对于负数的感知和使用就比较迟缓。这其中的原因不仅在于自然数、分数的认识来自人类丰富的数数、分配实物和测量的实践活动，更重要的是这些数都有实物为例，而负数却不"可视"，虽然也有负债、欠账之说，但却不能具体指物为负。为此，德国数学家菲利克斯·克莱因在其名著《高观点下的初等数学》中分析道："中学里负数概念的引入，在原则上是极为困难的一步……这是由具体数学向形式数学的第一次转折，要完全掌握这种转折中出现的问题，需要有高度的抽象能力。"

　　比起认识自然数、分数来，认识负数需要高度的抽象能力，因此更为艰难。这样的解释，似乎有道理，但一琢磨，似乎又没有道理。历史上，帕斯卡认为：从 0 减去 4 纯粹是胡说！笛卡儿也认为负数是"不合理的数"。英国数学家弗伦德认为，"只有那些喜欢信口开河、厌恶严肃思维的人"才"谈论比没有还要小的数"……这样的数学家不在少数。要说普通民众缺乏抽象能力那还好理解，让人费解的是，难道他们——数学上颇有建树并且留下英名的数学家们，也缺乏抽象能力吗？

　　那是什么使得数学家们"晕头转向"的？

　　请注意这样的历史细节：德国数学家施蒂费尔在《整数算术》中称，从零中减去一个大于零的数得到的数"小于一无所有"，是"荒谬的数"。他在这里认为负数荒谬的原因是"小于一无所有"！换言之，其内在的逻辑是：1 表示一件物体，2 表示两件物体……0 表示什么都没有，"什么都没有"就到了尽头了，而负数比零还要小，比"什么都没有"还要少，这怎么可能？原来，这之前大家都拥有无须论证的基本数学常识"0 表示没有，是最小的数"，而认识负数却要颠覆这种常识！

　　梳理至此，很显然只有重新认识"0"，才能真正理解负数。

"0，它——不——是——数"

教学内容：2015年苏教版教材五年级上册第1—3页。

教学目的：结合具体情境，体会引入负数的必要性，扩展0的意义，建构负数的数学理解（体会负数和减法、负数与0、不同负数间的关系），感悟创造负数的思维方法。

一、铺垫

（课前欣赏《中国国家形象宣传片——人物篇》）

师：请大家看大屏幕，这是刚才国家形象宣传片中的体育明星们（郎平、郭晶晶、丁俊晖、姚明、邓亚萍站在鸟巢前），一共几位？

生：5位。（师随学生回答，板书：5）

师：（课件中去掉5位明星，只剩下合影的背景）现在呢？

生：没有人，用"0"表示。（师随学生回答，在5后面板书0。）

师：说起0，大家可记得我们的学生尺上也有刻度0，这里的"0"也表示没有吗？（边说边拿起学生尺）

生：尺上的"0"表示从这里开始测量。

师：对，在不同的情境中，"0"可以表示不同的意义。有了尺，我们就可以得到体育明星们的身高数据。据说，郎平身高1.84米，也就是184厘米（板书：1.84，184），丁俊晖身高174厘米，郭晶晶身高164厘米。都是运动员，相互间比比身高是很自然的事情。如果我们以郭晶晶的身高为标准（板书：标准），他们间的高矮情况如何？

生：丁俊晖比郭晶晶高10厘米，郎平比郭晶晶高20厘米。

师：哎，谁能用算式来说明10、20这两个数据是怎么来的？

生：174-164=10，184-164=20。（师随学生回答，板书两道减法算式）

师：大家请看这个比较结果的表格（见右表），郭晶晶是比的标准，如果请你找一个数来表示郭晶晶的身高，你觉得是哪个数？

郎平	20
丁俊晖	10
郭晶晶	

生：0。（师随学生回答，在课件中点出"0"）

【实时评析：通过回顾，让学生知道0的意义有多种，那在新的情境中，对0的意义还可以进行拓展。用0来表示比较的标准，这并不艰深。】

师：非常棒。如果有一条竖线，等距离取了三个点，三个人的身高情况在这条直线上怎么表示？

生：最下面的点表示郭晶晶，也就是0；往上就是丁俊晖，表示10；最上面点表示郎平，表示20。（师随学生回答，在直线上相应的点旁标上0、10、20）

二、激疑

师：三个人比身高，只能以郭晶晶为标准吗？

生：还可以用丁俊晖和郎平的身高为标准进行比较。

师：好，看表格（见右表），说说下面我们是以谁的身高为标准进行比较？

郎平	10
丁俊晖	0
郭晶晶	10

生：以丁俊晖为标准，因为把他的身高看作了0。

师：郎平和丁俊晖的身高相差10厘米，郭晶晶和丁俊晖的身高也相差10厘米。所以，在表格里这么记（在表格里"郎平"、"郭晶晶"一栏都填上"10"），有问题吗？

生1：这样记，郭晶晶和郎平好像一样高。

生2：郎平是高了10厘米，而郭晶晶是矮了10厘米，表格里看不出谁高谁矮。

师：不错，说到问题的要害了。的确，以丁俊晖的身高为标准，郎平比丁俊晖高10厘米，而郭晶晶比丁俊晖矮10厘米，出现了高、矮这样一组相反意义的量（板书：相反意义），用我们以前学过的数表示不出那个相反的意思了。那请大家思考，怎样记录就能一眼清楚地看出郎平是高10厘米，而郭晶晶是矮10厘米呢？

【实时评析：相反意义有绝对相反和相对相反之分，相对相反不是天然自成的，而是通过和标准比较出来的。有了比较的标准，才有可能产生相反意

义的比较结果。】

三、探究

学生在作业纸的表格里重新记录，寻找新的记录方法，然后进行交流。

生3：我用文字，"郎平记录为：高10；郭晶晶记录为：矮10。"

师：一目了然，清清楚楚。

生4：我在表示郭晶晶的身高数据前，加了减号"–"，表示还少10。

师：用了符号，更为简洁，表达得也清楚。

师：这两种方法各有各的妙处，但传递的信息却是一致的，那就是我们以前学的数的确不够用了。应该说，每一种方法都有其价值，不过为了交流的方便，我们需要统一一下方法。在历史上，数学家们为了表示相反意义的量，也想了很多方法，比如在数旁加不同方向的箭头，在其中一个数上加个圆点，等等。自20世纪初，数学家们开始在数前面加符号"+"、"–"，而且这种方法一直使用至今。不过，它们在读法上已经有了新的变化，分别读作"正10"、"负10"。这里的符号分别是正号和负号，正数前的正号可以省略，负号不能省略。还记得这条带有刻度的直线吗？（见右图）现在刻度0表示什么？

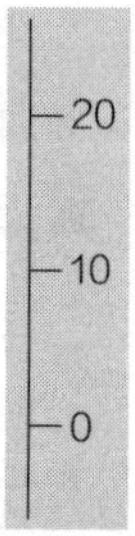

生：表示丁俊晖的身高。

师：郎平比丁俊晖高10厘米，哪个点表示郎平的身高？

生：中间那个点，已经标了10。

师：那郭晶晶比丁俊晖矮10厘米，我们可以记作–10。哪个点可以表示这个–10，也就是郭晶晶的身高？觉得这个点已经有的同学，请标出来；如果觉得线上还没有画出来，请在作业纸上画出来。

学生在作业纸上画出表示"–10"的点，然后交流。

师：大家在画点的时候，老师在巡视，发现大家都在0刻度的下面找这个点，这是什么道理？

生：矮了10厘米，这个点肯定在0刻度的下面。如果画在上面，那就表示比丁俊晖高了。

师：那到底是0刻度下面的哪个点呢？

生：在0刻度下面的这里。（边说边比画）

师：哎，能用语言说清楚吗？

生 5：刻度 10 到刻度 0 有多长，刻度 –10 到刻度 0 也跟着有多长，它们之间的长短是相等的。

师：精彩的回答，应该赢得掌声。（学生鼓掌。随之，在课件直线上标出 –10 的刻度）

【实时评析：课标的要求是"在熟悉的生活情境中，了解负数的意义"①，因此，紧紧扣住比身高，并结合几何直观，利于学生在直观中把握负数和零之间的关系。】

师：前面我们分别以郭晶晶和丁俊晖的身高为标准，得到了一些有意思的新数。据说，姚明身高 224 厘米，邓亚萍身高 150 厘米，看看表格（见右表），你知道下面我们将以谁的身高为标准进行比较？

生：以郎平的身高为标准，因为郎平的身高已经记作 0 了。

姚 明	
郎 平	0
丁俊晖	
郭晶晶	
邓亚萍	

师：以郎平的身高为标准进行比较，我们又会得到哪些新数呢？是怎么得到这些数的？请大家先在表格里填一填，然后在带有刻度的直线上找一找这些数应该在哪里。

生：把郎平的身高看作标准，姚明比郎平高 40 厘米，224–184=40。

师：把姚明的身高记作 40，这大家都容易理解。我们重点来交流其他运动员的怎么记。

生 6：丁俊晖的身高和郎平比，用 174–184，但那个不能减，所以反过来 184–174=10，写答案时，在表格里填 –10。（见右图）

生 7：我是直接在答案上标了向下的箭头，表示那是矮了，记的时候再记作 –10。（见右图）

生 8：干吗还分两次呢？我直接在算式上写上了负数。（见右图）

师：直接写就写出了新天地。大家看，185–184=1，184–184=0，那 183–184 会比 0 多还是少？比 0 少多少？（学生回答略）由此看，174–184 还真是应该等于 –10。

---

① 中华人民共和国教育部. 义务教育数学课程标准：2011 年版 [M]. 北京：北京师范大学出版社，2012：21.

生9：郎平比丁俊晖高，反过来也就是丁俊晖比郎平矮。把郎平身高看作0，丁俊晖矮10厘米，就是0-10。（见右图）

$184-174=10 \quad 0-10=-10$
$184-164=20 \quad 0-20=-20$
$184-150=34 \quad 0-34=-34$

师：还是有道理的。总体上，我们有了两种算法，一种是用大数减小数，但记录的时候改成负数；另一种是直接用小数减大数。你可以根据自己的情况选用。

学生交流在直线上找对应的点。在交流中，教师随机板书相关内容。

【实时评析：关于怎么得到这些数的追问逼迫学生自己发现了负数和减法间的关系，拓展了认知边界——现在，可以用小数减大数了！即便是用大数减小数，然后在正数结果前再添上负号，这样的过程也是透彻理解负数意义的过程。】

四、提炼

师：刚才我们以不同的明星身高为标准，进行相互间比较，得到了这些数（手指板书：0，5，10，30，-10，-20，-34）。在这个过程中，丁俊晖的身高可一直是174厘米，为什么在不同的比较中，一会儿被记作10，一会儿被记作-10呢？（见右图）

生：因为比的标准不一样。被记作10，是以郭晶晶的164厘米为标准的；被记作-10，是以郎平的184厘米为标准的。

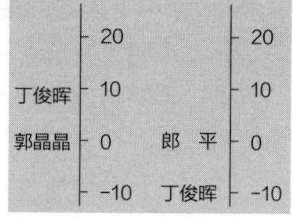

师：那谁来说说这些正负数是怎么来的？（手指板书中的数）

生：都是和标准比出来的，比标准身高高的就是正数，比标准身高低的就是负数。

师：好，既然如此，老师站在这里以不动作为标准，如果向前走3步，记作3，那么负数就是——

生：就是向后走几步。

师：（走到学生桌前，拿起一个学生的铅笔盒）如果以这个铅笔盒的价格为标准，那么比这个价格贵的记作什么数？比这个价格便宜的是什么数？

生：比标准价格贵的就是正数，便宜的就是负数。

师：（走到另一学生前，拿起他的数学书）如果以数学书的页数为标准，那么正数就是什么？负数又是什么？

生：正数就是比数学书多的页数，负数就是比数学书少的页数。

师：是啊，先定标准，把标准看作0，比这个标准多的、贵的、厚的、重的、高的就是——

生：（齐声）正数。

师：那负数表示——

生：比标准少的、便宜的。

生：比标准矮的、薄的、轻的。

【实时评析：由"比身高"迁移到其他多种情境中，在变化的情境中体会负数就是比标准少的、薄的、轻的等性质的数。】

五、运用

师：到这会儿，我们对正负数有了很好的理解，不妨来练一练。（出示题目）

1．先读一读，再说说这些数哪些是正数，哪些是负数。

$-5 \quad +26 \quad 8 \quad -\dfrac{1}{5} \quad -160.6 \quad +1101$

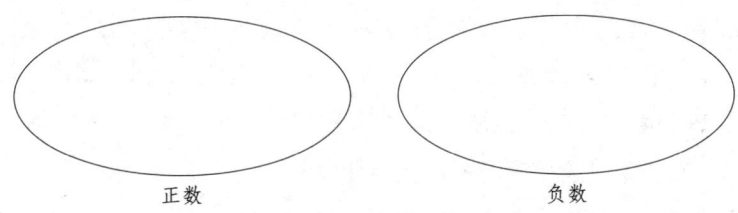

师：编题的时候，有一个数老师没有写上，那就是零。零到底是正数还是负数呢？请大家发表意见。

生10：0，它——不——是——数。

生11：0是比的标准，把0看作正数或者负数好像都不合适。

生12：0在正数和负数中间，是正数也可以是负数也可以，所以还不如两个都不是。

师：哈哈，说得好。的确如此，数学中的约定不能有歧义。也正因为如此，我们就约定0既不是正数，也不是负数，它是正负数的分界点。

【实时评析：有标准才有相对相反的量，因此，表示标准的"0"自然就既不是正数，也不是负数。"0不是正数也不是负数"是学生自己推理出来

的，不是生硬地被告知的。】

师：先定标准，再通过比较来确定数量的性质，这种思考方法大有用处，比如气温高低的确定。

师：（用课件配合）气温的变化不能用增添衣服来表示，要用量化的数据来说明。所以，500多年前就有了温度计。但一开始没有标准点，同一个温度在不同温度计上的读数不一样。因此，亟须确定一致公认的标准点。很多科学家为此做出了贡献，比如我们熟悉的牛顿把雪融化时的温度定为0度，人的正常体温定为12度，但此方案没有得到认同。300多年前，瑞典物理学家安德斯·摄尔修斯提出，将水的冰点作为一个标准温度点，把水的沸点作为另一个标准温度点，并把冰点和沸点之间温度等分100份。在国际计量大会上，这种方法得到认可，为纪念摄尔修斯，单位就是"摄氏度"，用符号"℃"（C是"摄"的第一个音节）表示。

请大家看表格（见右表），思考和讨论下面的问题。（出示题目）

北京	-5℃
上海	5℃
哈尔滨	-20℃
香港	18℃
南京	0℃

1.哪个城市的气温最低？哪个城市的气温最高？

2.能把这几个气温按照由冷到暖的顺序排一排吗？

3.如果要把这几个温度在温度计上表示出来，根据正数、负数、0之间的关系，应该最先确定谁的刻度？为什么？

4.哪个温度的刻度离0刻度最远？哪几个刻度和0之间的距离是相等的？

5.-5℃和-20℃相差多少格？5℃和-20℃相差多少格？

【实时评析：在气温的情境中，借助温度计这一直观模型，直观地思考"负数大小"、"绝对值"、"相反数"、"负数和正数间的加减运算"等一系列问题。】

六、拓展

师：先定标准，再通过比较用正、负数来表示数量，这种思考方式在数学中同样有很好的运用。我们看下面的问题。（出示题目）

某小组5位同学的体重如下表，他们的平均体重是多少？

姓名	小明	小马	小刚	小利	小峰
体重（千克）	28	35	29	31	27

生：（28+35+29+31+27）÷5=30，平均体重 30 千克。

师：能用今天领悟的方法来解决它吗？

生 13：把小明的体重作为标准，那小明的体重记作 0，小马的……

师：对不起，老师打断你的发言，大家一起来动动脑。沿着生 13 的思路，如果把小明的体重记作 0，那其他同学的体重怎么记录？用算式说清楚数据是怎么来的。

生 14：小马的体重记作 7，因为 35-28=7。

生 15：29-28=1，小刚的体重记作 1。

生 16：31-28=3，小利的体重记作 3。

生 17：27-28=-1，小峰的体重可以记作 -1。

师：以 28 千克为标准，相当于假设每个人的体重都是 28 千克，下面怎么调整呢？

生：以 28 千克为标准，实际上还超过了 0+7+1+3=11，剩下的"-1"相当于少 1，所以一共超过 10。10÷5=2，所以 5 人的平均体重是 30 千克。

师：两种方法相比，无疑后面的方法更为简洁，当数据更多时，这样做的优越性就更为突出。同学们在课后可以设不同的千克数为标准，试着算一算。好，下课！

【实时评析：0 的意义得到拓展，那原有的认知结构也可以得到更新，解决问题的思路可以更为开阔。】

提示解读

多剖析人类认识提升的障碍

读懂儿童是教育促进儿童发展的基本前提。就数学学习来说，读懂儿童不是泛化意义上追求对儿童的理解，而应突出表现为细腻地、科学地对儿童在数学学习中的思维活动做深入了解和分析，大致把握儿童在数学学习中可能出现的困难。固然，依据原有的教学经验和课前对儿童进行访谈调查也能获取儿童如何学习某知识的大致情况，但它们各有缺陷。一方面，人类对于已经理解透彻的内容往往觉得理所当然的，不会细微地察觉还存在什么问题；另一方面，儿童的元认知能力有限，对于哪里不懂常常是词不达意，表达不清。在这样的背景下，数学史在这方面的价值就显得尤为突出。

早在19世纪，德国生物学家海克尔就提出一个生物发生学的定律：一个个体的发育史会重蹈其种族的发展史。这表现在数学学习中，就是学生学习数学的认知过程与数学史的发展过程相似。这是因为斗转星移、岁月更替，但现实中面临的窘境没有变（对相反意义的量，原有的数无法正确表征），认知面临的冲突没有变（减法计算中，小数无法减去大数），认知拓展面临的挑战没有变（0表示没有，比"没有"还要少，这怎么可能？），认知向前推进的逻辑没有变，所以，一方面历史中数学家们曾经那么像儿童——比如最初用红、黑两种不同颜色的算筹来区别正、负数，用是否在数字上面加个点来区别正、负数……这样的做法不正是强烈体现儿童性的随性之作吗？另一方面，现实中的儿童作为一个群体重蹈历史上数学家们曾经遭遇的障碍，也就是自然的事情。因而，著名数学史家M.克莱因提出"历史是教学的指南"①。匈牙利著名数学家和数学教育家波利亚则指出，"只有理解人类如何获得某些事实或概念的知识，我们才能对人类的孩子应该如何获得这样的知识做出更好的判断"②。这就是数学史能指导数学教育、准确甄别儿童数学学习障碍的理论基石，我们可以称之为历史相似性原理。

数学教育中，用数学史的境界取决于读数学史的视角和深度。读史，最浅表的层次是捕捉数学史实，也就是什么人什么时候创造了什么数学成就；其次是提炼数学知识产生发展的阶段，把一个知识产生发展的脉络给梳理清楚；第三就是把数学家群体作为一个人去剖析，抓住一些细节去深究。就负数的意义来说，就是追问在最初认识的时候，有哪些困难？难，难在哪里？从使用负数到接纳负数，是两个不同的认识阶段。那接纳负数，意味着在理性认识上要建构起哪些认识？是什么导致了数学家们在接受负数的过程中洋

---

① 转引自：汪晓勤，欧阳跃. HPM 的历史渊源 [J]. 数学教育学报，2003（3）：24-27.
② 转引自：汪晓勤. HPM 的若干研究与展望 [J]. 中学数学月刊，2012（2）：1-5.

相百出？

　　要基于数学史实多去琢磨作为人的数学家们曾经走过的弯路、碰到的认知障碍，如果把这些想明白了，那么就会对数学教育有新的感悟。人类对于数学知识的发现与发明是逐步扩大范围的，每一次的认知疆域拓展，一方面得遵循原有的数学基本规则，以保证新旧知识体系间不产生矛盾；另一方面又必须要确立新的方法和方式，甚至颠覆某个经典常识，如若不然，所谓的新知识就可能被淹没在原有的那片知识丛林里。一种认识，能成为常识，就在于其不证自明，大家对它确信无疑，似乎其存在是天经地义一般。现在要颠覆它并建立一种新的见解，即使是一些伟大的头脑，也会不经意间表现出局限性。细细究来，伟大数学家们的局限显然不是抽象思考能力有问题，而在于没有有效地摆脱已有数学常识的负迁移，超越和拓展自我！大家常说，人最难战胜的是自己，这种难，难到什么程度？普朗克，这位量子力学的奠基人在20世纪初就一针见血地说道："一个新的科学真理并不是靠说服它的对手并使其看见真理之光取胜，而是由于它的对手死了，新的一代熟悉它的人成长起来了。"其意思是说，原有认识越是坚固的人，越不可能接受新认识。不少里程碑式的数学成就，是在创造此成就的数学家死后才得到敬畏的，其本质就是同时代不理解并激烈反对的数学家退出了历史舞台，而新一代理解并接受新认识的数学家们逐渐成长了起来。

　　负数产生的历史告诉我们：学习数学难，不仅仅是因为知识本身的抽象性，还在于对有些概念的建构要抵制强烈的负迁移，颠覆已有常识，超越和拓展个体的既有认识。因而，在这些关键节点的学习过程中，就得去面对这样的障碍，重视排除认知负迁移。儿童建构一个关键概念的过程，看似平和恬静，实则需要经过苦思冥想，可谓石破天惊——或者认知的极限擒住了欲突围的思维，新概念只是作为一串词句被扫入头脑的角落；或者思维历尽搏击，成功清除认知障碍，跃入数学的又一个新领域。学习关键概念，本质上就是改造人——重组他的经验世界，拓展他的认知疆域，提升他的数学思维。

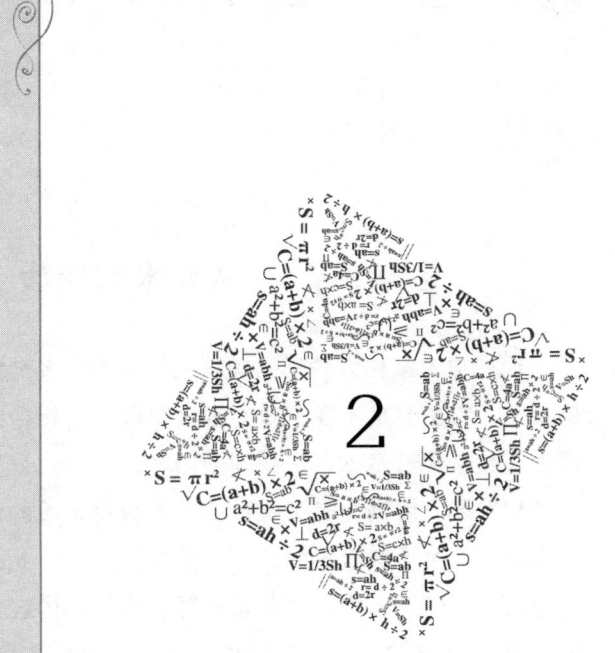

2

让历史来言说"教什么"
——以"用字母表示数"为例

人类认知提升的每次进步，都是历史的智慧选择。所学的新知识到底意味着什么，到底高明在何处，回到历史中，你才会醍醐灌顶般地醒悟。

 史海钩沉

从算术到代数

现在被大家称为数学的学科已经包罗许多分支,其中最基本的数学分支是算术,它主要是指在非负有理数范围里讨论数的性质、运算及其应用。正因为是数学里最基本、最初等的内容,所以也最早被人类熟知。算术知识的推广和发展,慢慢地有了代数。义务教育阶段的代数知识是初等代数,又称古典代数,包括数概念的拓展及其相关运算;此外,更为主要的部分便是在一般意义上研究算术中的数量问题,相关的内容包括代数式的恒等变形、方程(组)、不等式。虽然这其中的核心内容是方程,但仔细琢磨后可以发现,以算术为基础进而步入代数的跨越并不是由方程带来的,而是用字母表示数。

原始的代数被发现于苏美尔人的黏土片上,而且似乎在古埃及已经发展到了很高的程度。公元前18世纪以前的兰德草书,已经记录了论及食品和其他东西分配的问题,出现了简单的方程,这些方程的未知数用"hau"(堆)表示。可见,方程虽然是古典代数的核心,但并不是由算术进入代数的原动力。

1983年,苏联发行了一枚邮票(见右图),纪念中世纪阿拉伯数学家花拉子米诞辰1200周年,这足以说明其对代数的开创性贡献。数学上的阿拉伯指7世纪到15世纪由阿拉伯人统治的广大中亚地区,这其中最早也是影响最大的数学家就是花拉子米。783年,他写了一本书,名称为 Aldjebr Walmukabala。其中,Aldjebr 的意思是"还原",也就是现在解方程中的移项;Walmukabala 的意思是"对消",相当于现在解方程中的合并同类项。所以,书名直译的话就是"还原与对消的科学"。12世纪,花拉子米的书传到了欧洲,被翻译为拉丁文,并前后出版发行了多个版本,书名慢慢变成了 Algebra(《代数学》),这就是英文"代数"

一词的来历。花拉子米不仅引入了"移项"、"对消"等解方程的专门术语,而且把未知数叫作"根",称解方程就是求根。这些都是对解方程技巧进行理论化的重要尝试。

有了代数的学科名称,并不表明就有了初等代数这个学科。问题就在于花拉子米用普通文字来表达方程的解法。比如其书中有这样一题:把一个正方形面积加上其一边长度之10倍等于39时,此正方形必是什么?(用现代符号表示即为 $x^2+10x=39$)花拉子米的解答为:把所加边长的倍数除以2,得5。把该数自乘,得乘积25。把此数与39相加,得64。取此数的平方根得8,从该数中减去边长倍数之半,剩下3。此即所求正方形的边长,因而所求正方形面积等于9。这还并不是一个复杂的问题,解答过程读来就如此艰涩,如果所要解决的问题稍一复杂,那过程该会多么繁复!从这个意义上看,花拉子米的《代数学》比起古印度数学,甚至古希腊丢番图的想法来反而倒退了。

古希腊数学以几何为重点,不过也不是没有对现在被称为代数的探索。公元前三四世纪,希腊流行着一种数学谜语,它常常以诗歌的形式出现,这样的谜语如果翻译成数学的形式,常常就是一次或二次方程。代表古希腊代数最高水平的就是丢番图。他的创造性成就主要是两个方面:其一是对不定方程的深入研究——现在数学上还常常把不定方程理论称为"丢番图分析";其二是创造了代数的缩写符号——所谓缩写,就是将代数中的核心词缩减,一般用词语的第一个字母来表示。3世纪,丢番图在其著作《算术》中首先用符号"ζ"表示未知数,据说这是因为在用字母表示数的希腊计数制中,只有这个字母还没有用来表示数。在此基础上,丢番图又给出了表示未知数各次幂(到六次幂)的符号,并创造了表示相减的符号以及表示相等的符号。丢番图的符号虽然不完美,但毕竟是代数学发展上的一个创举。

古印度的代数研究发展得不是很早,但是从5世纪起有了很大的进步,在希腊代数发展的两个维度上有了进一步的突破。比如婆什迦罗使用"yavattavat"(那么多)的前两个字母"ya"表示未知数。当遇到多个未知数时,再使用表示颜色的词如 calaca(黑)、nilaca(蓝)、pitaca(黄)、lohitaca(红)等的前两个字母表示其他未知数。此外,印度人还创造了表示加减乘除四则计算的符号,以及平方根的符号。特别是他们比较早地创造了负数,并在解方程中使用它们。这些都有力地促进了解方程技术的进步。

由于计数法、宗教、战争等多个原因的影响，欧洲的人类文明是在文艺复兴时期之后才得到空前繁荣和深度发展的。16 世纪，代数学首先在欧洲得到了质的突破。其中对日后代数学发展产生根本性影响的便是符号的普遍使用和不断完善。历史上，第一个有意识、系统地使用字母的是法国数学家韦达。韦达认为代数与算术是有区别的，代数是施于事物的类或形式的运算方法，而算术只是同具体的数打交道的计算技术。所以，他设想寻找一种求解各种类型方程的通用方法，通过研读先辈们的代数著作，他逐渐认识到，要实现自己的设想，首先要使各种类型的方程具有普遍的形式。他在自己的著作中提出了用字母表示不同量的想法。他这样写道：

在这里，我们用一种技巧来帮助我们区别已给的量和所求的或未知的量，这就是用一种有永久性质的、易于理解的符号体系——例如，用 A 或其他母音字母表示未知量，用 B、C、G 或其他子音字母表示已知量。①

韦达用统一的字母表示未知量、已知量及其运算，被公认为对世代代数传统的突破，是代数学发展历史上的一座重要里程碑。虽然韦达的符号还不彻底，也不成体系，但韦达超越了各类数量的具体特点，从一般意义上用字母来表示它们，省略了数学关系的实际情境，去掉了实际语言带来的差别。这样，就把原先各具特点的方程归结成了通用的形式，使得代数变得能适应所有场合的普遍情况，极大地扩展了代数的应用范围。

韦达是在 1591 年《分析术引论》的著作中提出了字母表示数的思想的，不过，当时的数学家们并没有很快接受该想法，又经过了多位数学家如哈里奥特、笛卡儿的改进和推广，代数的符号化才得到了广泛认可和运用。比如哈里奥特改进了韦达的幂符号，第一个创造了大于号、小于号；笛卡儿提出用字母表中靠前的字母来表示已知量，靠后的 x、y、z 来表示未知量，这种表示办法一直沿用到现在。总而言之，现行初等代数的各种符号到 16 世纪末基本已经全部出现了，到 17 世纪中叶初等代数的符号化基本成形。

自从方程有了更为一般的形式后，数学家们对方程的研究不仅仅讨论解方程的技巧和方法，而是更为关注方程的一般规律，引出了一些重要定理和

---

① 丹齐克. 数：科学的语言 [M]. 苏仲湘，译. 上海：上海教育出版社，2000：73.

事实，比如关于代数方程根的存在性的"代数基本定理"，关于方程根和系数关系的"韦达定理"，关于方程正根、负根和虚根的判断定理，关于确定方程根的范围的"斯图姆定理"等，从而奠定了方程理论的基础。代数逐渐发展成为一门关于形式运算的学科。

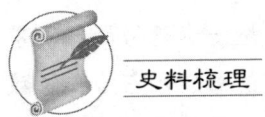
史料梳理

为什么是韦达被称为"近代代数学之父"

从算术到代数的历史，被现代人划分为三个历史阶段，花拉子米、丢番图、韦达这三个数学家就是相应历史阶段的标志性人物。

花拉子米所代表的时期，被称为"文辞代数"阶段，我们现在只是享用他提出的"代数"、"移项"、"合并"等术语，像他那样用普通文辞来表达数学，不仅烦琐而且易起歧义，已经被彻底抛弃。丢番图用音节的首字母缩写来表示数，开创了"缩写代数"阶段。韦达也是用字母表示了数，但他引领的阶段被称为"符号代数"阶段，其本人也被尊称为"近代代数学之父"。丢番图要比韦达早1200多年，而且我们现在还在用缩写的办法来表达意义。数学中计量单位的字母表示，就是运用了缩写的办法。比如，长度单位"米"的英文单词是"meter"，所以单位"米"用字母"m"来表示；在"meter"加前缀"centi"就表示米的百分之一，所以厘米"centimeter"就缩写为"cm"。生活中也在广泛运用缩写来传递信息，如停车场的英文是parking lot，所以就用"P"表示停车场。来自美国肯塔基州的炸鸡（Kentucky Fried Chicken）也被简称为"KFC"……也就是说，丢番图用字母表示数比韦达早得多，而且创造的办法也很有价值，但为什么偏偏是韦达被尊称为"近代代数学之父"呢？

我们还得回到历史中。丢番图与韦达虽然都在用字母表示数，但两者的根本区别在于表示的是一个数还是一类数。丢番图因为用缩写的办法，所以每一个字母都具有潜在的特定意思，只不过有所简略而已。这样，每一种方程都具有独自的特点，只能按照其本身的特点和细节来处理，一种方程就需要一个特殊的解法。所以，丢番图解方程一题一法。有人打趣道：看了丢番图解100个方程的方法，还是不知道如何解第101个方程，这无疑耗去了数学家们巨大的精力。也正因为如此，16世纪意大利天才代数学家卡当在其巨著《大法》中记录的方程种类就有66种之多！韦达的高明之处在于其所用的字母已经不表示任何具体的意思，只是一个符号而已，若用一个方块图、一个小花图也丝毫不影响所列代数式的意义，它滤去了数学关系的实际情境，从而引导人们从一般意义上去关注数量中的共性，谋求一类问题的统一解法，将人的认识和推理提高到一个更高的理性水平，呈现了代数的本质。丢番图方法的本质是替代，而韦达方法的本质是抽象，是数学思想的进化。

很显然，字母表示数的过程，不是字母替代文字的过程，而是具体数量符号化的过程。把现实课堂中的儿童放在历史的视野中，他们也是人类的孩子，他们的认知发展可能各具特点，但总体上不可能违背人类认识提升的规律。因而结合人类认识提升的历史阶段看，用字母表示数意味着孩子认识产生的递进是：字母不仅可以表示未知数，还可以表示已知数；字母不仅可以表示特定的意义，还可以表示变化的一类数量；不仅可以在缩写水平上运用字母，还可以在符号水平上运用字母。

最后，如果你足够细心，你一定发现了虽然"缩写代数"被划分为代数学发展的第二个阶段，但丢番图写《算术》是3世纪的事情，而花拉子米出版《还原与对消的科学》已经是8世纪（783年）的事——对，这就是历史。数学内部是讲逻辑的，但它的发展是不合逻辑的，充满着反复、曲折、直觉，乃至错误。历史的顺序不是数学内部的顺序，也不是教育的顺序。这可以说明，历史不能简单地在课堂中复制，只能被拿来为教育所用。

教学探索

"还是写不完"

教学内容：2015年苏教版教材五年级上册第99—100页。

教学目的：结合具体情境，经历用字母表示数的抽象过程，体会用字母表示数的本质意义，领悟数学符号的概括性。

一、课前谈话

（1）引导学生说说认识了哪些字母，在生活中哪些地方运用了字母。

（2）询问学生"今天哪些同学来上课了？除了可以一个个报出他们的姓名，还有没有更为概括的说法？"，引导学生体会可以用"五（2）班"来概括今天来上课的所有同学。教师再追问"明明你知道每一个同学的名字，为什么不再一个个报名字，而是用'五（2）班'的说法了？"。

二、唤起经验，准备建构

师：孩子们，通过课前的谈话，老师知道大家对于字母都很熟悉。实际上，生活中运用的字母，每一个字母都表示了特定的含义。例如CCTV，把它说完整应该是：China central television（课件出示），表示"中国中央电视台"，CCTV就是这种完整说法的——

生：（轻声地）缩写。（教师随学生的应答板书"缩写"）

师：在数学中也有这样的运用。例如，"一个西瓜重2.5千克"（课件出示），我们把它表示成——

生：2.5 kg。

师：这里的"kg"就是英文单词"kilogram"的缩写（课件出示这个单词，其中的"k"、"g"用红色标出）。一个小朋友身高1.2米，往往说成——

生：（齐声）1.2 m。

师：同样，这里的"m"是英语单词"meter"的缩写（课件出示这个单词，其中的"m"用红色标出）。

师：当然在数学中，字母的运用更多地表现在其他方面。例如，"2，4，6，x，10，…"（课件出示），这里的 x 表示什么意思？

生：表示一个未知数。（教师板书：未知数）

师：在这一列数中，x 表示多少？能表示其他数吗？

生：只能是8。

师：看来它还是一个特定的数。（板书：特定）

师：孩子们，今天我们学习的"用字母表示数"（板书），还是这样的含义吗？（手指板书"缩写 特定 未知数"）相信大家会有新体会的，我们边学边交流。

【实时评析：新的学习总是以旧知和经验为基础的，旧知和经验的模糊、凌乱对新知的学习是一种干扰。因而，教学中要安排"旧知或经验的精致化"环节。特别是用字母表示数是对人类原有认识的跨越，更应该对原有学习中应用字母的特点有更为清晰的认识。这种认识越清晰，也就越容易体会新的用字母表示数发生了什么变化。】

三、引领反思，逐步建构

1. 让学生亲历用字母表示数的抽象概括过程

师：大家看屏幕（课件出示三根小棒搭成的三角形），摆2个三角形需要几根小棒？

生：（齐声）2×3=6，需要6根。

师：算式"2×3"告诉我们，求一共要多少根小棒是用三角形的个数乘3，而且看到了算式，我们也就知道了最后结果是6。既然如此，我们就在算式外面加括号，把这个算式看作一个整体，直接用这样的形式来表示最后的结果。[课件出示：（2×3）根]

师：摆3个三角形呢？

生：（3×3）根。

教师依次问摆4个、5个三角形呢，学生依次回答。

师：你知道这里还可以摆几个三角形？

生：8个。

生：10个。

生：无数个。

师：好，那我们来个小比赛：给大家半分钟时间，也用这样的算式来表示摆三角形用的小棒根数，比一比谁写得多。三个要求：（1）从摆8个三角形开始写；（2）只写算式，不画三角形；（3）算式对齐着写。预——备，开始。

学生纷纷奋笔疾书。

师：行，时间到，比赛讲的是公正，大家都不能动笔了。哪个同学说说，你写的最后一道算式是表示摆几个三角形时用的小棒根数？

生：15×3，表示摆15个三角形用的小棒根数。

生：19×3，表示摆19个三角形用了多少根小棒。

师：看来大家都写了不少算式。那么看这些算式，你有什么要说的吗？

生：一个三角形的根数是不变的，所以这些算式都有一个数——3。

师：那还有一个数怎样？

生：一直在变化。

生：一直在增加。

师：行。刚才是半分钟，如果给大家3个小时，你又想说什么？

生：还是写不完。

师："还是写不完"是什么意思？写3天能写完吗？

生：（纷纷说）写不完。

师：也就是这些算式永远也写——不——完。很简单的道理，因为三角形可以一直摆下去。现在，老师请你们用一道算式表示摆三角形的各种情况，把你们已经写的和还没有写的都包括进来。行吗？

生1：$n \times 3$。

生2：……乘3。

生3：$a \times 3$。

生4：无数 $\times 3$。

师：都能看明白吗？有不明白的，可以当面请教。

生5：那个"……乘3"表示什么意思？

生2：我就是用了省略号，表示还有很多个数。

师：嗯，有想法，值得鼓励！学习如同登山，当攀登上高峰后，应该回头看看美妙的风景。我们回想一下，刚才你们提到的字母是怎么来的？用小棒摆三角形，可以摆 26 个，可以摆 100 个，可以摆 518 个，可以摆 2300 个，等等。这样的算式有无数个，然后就想到了用字母来表示它们。看来，这里的字母是个有魔力的字母，表面上看它只是一个字母，但它的背后实际上是——

生：（齐声）无数个数。

师：对，它的作用和省略号有相通之处，但比省略号更规范，我们就用字母来表示。[课件出示：（$a \times 3$）根] 那么它还是这些意思吗？（手指板书"缩写　未知数　特定"）

生：不是。

师：那有了什么发展？

学生稍稍思考后，举起了手。

生：原来是特定的数，现在是不定的数了。

生：自由了。

生：是变化的。（教师板书"变化"，并引导学生体会这里的数不能是小数、分数，只能是自然数）

师：那它还只能表示未知数吗？（手指板书"未知数"）

生：不是，是已知数了。（教师板书：已知数）

师：既然是已知数，那为什么还要用字——母——表示呢？

思考片刻后，五六个学生举起了手。

生：因为这个数的范围很大，我们不确定它到底是多少。

生：因为它有无数个。

生：因为它太多了，一个个地说说不完。

师：正因为这样的数太多了，所以我们用一个字母把它们都——

生：（异口同声地）概括进来。

师：对。而且我们约定，用 26 个字母中的前几个字母表示已知数，最后几个字母如 x、y、z 表示未知数。那么，它还是"缩写"的意思吗？不急，我们继续来学习。

【实时评析：历史告诉我们，韦达办法的高明，就在于用字母表示了方程中未知数前面的系数。这样做，不是因为系数还不知道，而是用字母去概括它们，从而获得了更为一般的方程。教学为了突破这个难点，首先是有意在课前谈话中用生活中的道理进行了铺垫,其次设计了逼着学生产生概括欲望的环节。学生们的方法虽然带着童趣,但能反映出他们初步实现了认识的跨越。】

2. 体会含有字母的式子既表示关系也表示结果

师:今天,老师还带来了一个神奇的魔盒,神奇在什么地方?比如说,数 19 经过它加工变成了 44(课件出示:19 飞入一个盒子,从盒子的另一端飞出 44)。

学生们被屏幕上的盒子吸引住了,不由自主地发出了"咦"的声音。

师:怎么样?再来一次(课件出示:数 58 经过魔盒加工变成 83)。再来一次(课件出示:数 187 经过魔盒加工变成 212)。老师都实验三次了,你们找到出来的数和进去的数之间有什么关系吗?

生:变大了。

师:那到底是按什么规律变大的呢?

学生凝神思考。

师:不怪大家,换了我也不容易发现。这说明了什么道理?说明有时我们如果只关注问题的最终结果的话,就会失去许多有新发现的机会。所以,摆三角形用了多少根小棒,要求大家直接用算式来表示最终的结果,我们用同样的方法,把计算的算式作为我们思考的对象,老师估计每一位同学都有发现的!(课件:将数 44、83、212 分别变成"19+25"、"58+25"、"187+25")

学生看到算式后,一下子举起了手。

生:进去的数都加了 25。

师:真是这样吗?哪个同学来试一试?

随学生的回答,分别输入 100、25,魔盒里分别输出"100+25"、"25+25"。随机演示两次后,学生们的情绪更热烈了。

师:这么多同学都想试!哪个同学说一个数,把这么多同学想试的数都包括进来?

听了问题后,学生稍稍收了收举着的手,接着把手举得更高了。

生 6:a。

师:老师刚才要求你说一个数,你怎么说了一个字母啊?

生6：这样的数太多了。

师：不错，能自觉地想到用字母表示数了。（在课件中输入"a"，盒子输出"a+25"）

师：这里的"a"，你希望它表示什么呢？（指定生6回答）

生6：295。

师：哪个同学给她补充？就是295吗？

生7：425。

师：就是425吗？！

生：是所有的数。

师：说具体些，"所有的数"可以是——

生：整数。

师：还可以是——

生：（小声地）小数。

师：在这里，可以是小数吗？

生：（声音响亮地）可以的。

师：还可以是——

生：（齐声）分数。

师：也就是刚才这位同学说的，是"所有的数"。真棒！

师：实验之后，我们不妨回过头来看看。刚才我们输入"a"，输出的是"a+25"（板书：a+25），它表示了输出的数就是最后的结果（板书：结果）。

师：哪个同学知道这个神奇的盒子是按照什么关系式来加工输入数的？（板书：关系）

生：把进去的数加上25。

师：行，能用含有字母的式子来表达吗？

生：x+25。

师：如果输入的数用字母"a"表示呢？

生：就是a+25。

师：真是如此吗？（课件演示：魔盒打开，盒子里写着"a+25"）

师：如果用字母"c"表示输入的数呢？输出的数是——

生：c+25。

师：那两个数之间的关系就是——

生：c+25。

师：可见，像这样含有字母的式子既可以表示两个数之间的关系，也可以表示其中的一个数。（板书中，把"关系"、"a+25"和"结果"用线连起来）

【实时评析：一个新的领域意味着一种新的思维方式。代数比起算术来，更为关注量与量之间的关系。魔盒加工数，进去的数在变，出来的数也跟着变。算术的思维方式更为关注出来的数到底是多少（即加工数的结果），而代数的思维方式更为关注不断变化的结果背后是依据什么数量关系加工的。因而，引导学生体会到关注关系本身要比结果本身可以收获更多，是步入代数领域的应有之义。】

四、拓展应用，完善建构

师：最后，老师带来了两个有意思的小活动（课件出示：编故事——魔力框）。我们先来编故事。故事的主角是"$4 \times a$"。老师先做个示范。（掂掂学生的数学书）如果 a 表示一本数学书的重量，那么 $4 \times a$ 就是——

生：（异口同声）4本数学书的重量。

师：而且是4本同样的数学书的重量。很容易吧？下面，哪个同学来编？

生8：（拿着自己的铅笔）如果 a 表示这支铅笔的重量，$4 \times a$ 就表示4支铅笔的重量。

师：而且是同样的铅笔的重量。行，换个题材，哪个说？

生9：a 表示这个笔袋的重量，$4 \times a$ 表示4个同样笔袋的重量。

师：非常好，强调了是同样的笔袋，但说的还是重量，能说说其他的吗？

生10：a 表示数学书的封面面积，$4 \times a$ 就是4本数学书的封面面积。

生11：a 表示这支钢笔的长度，$4 \times a$ 就是4支同样钢笔的长度。

生12：a 表示我这支钢笔的价钱，$4 \times a$ 就是4支相同钢笔的价钱。

生13：a 表示一本练习本的厚度，$4 \times a$ 就是4本一样练习本的厚度。

学生们都高举着手。

师：好，能说得完吗？

生：（响亮地）不能！

师：对，世界上只要两个量之间有 4 倍关系的，都被概括在 "$4 \times a$" 里了。大家把 "$4 \times a$" 讲得这样丰富多彩，老师就讲个这方面的历史故事吧。（学生鼓起了掌）在历史上，数量和数量之间的关系，我们人类最初是用这样的文字表达的（课件出示 "每个重量 ×4"、"每个价钱 ×4"、"每班人数 ×4"，其中 "重"、"价"、"人" 用红色标出）。用文字来表达，显然比较烦琐。因而，古希腊数学家丢番图想到了用 "缩写" 的方法来表示。仿照丢番图的方法，这里的 "每个重量 ×4"，取 "重" 发音的第一个字母，表示成 "$z \times 4$"。那么 "每个价钱 ×4" 就缩写成——

生：$j \times 4$。

师：每班人数 ×4 就表示成——

生：$r \times 4$。

师：丢番图用字母的缩写来表示数量间的关系，虽然简洁了，但每个字母都表示特定的意思，不能把 $z \times 4$ 和 $j \times 4$ 混同起来，所以，这种办法并没有给数学家研究数学带来更多的简便。到 17 世纪，法国数学家韦达想，如果把各种情境中字母表示的特定意思都去掉的话，不都是 4 和一个数量相乘吗？（课件中 "$z \times 4$"、"$j \times 4$"、"$r \times 4$" 依次变为 "□ ×4"）所以，韦达就表示成了 $a \times 4$。这里的 a 还是特定的意思吗？

生：（异口同声）不是！

师：对，字母 a 已经不表示任何具体的意义了。它和这里的小方块一样，只是一个符号而已（板书：符号）。自从韦达把字母当作符号来表示数之后，许多数学难题得到了解决，数学获得了飞速发展，因此韦达被称为 "近代代数学之父"。故事的最后，老师想请大家猜猜，从丢番图用缩写的方法表示数到韦达把字母当作符号来表示数，用了多少年？

生：100 年。

生：150 年。

生：很多年。

师：对，是很多年，1200 多年。

学生情不自禁地发出了惊呼。

师：孩子们，一方面我们应该为历史上无数数学家百折不挠、呕心沥血献身数学的精神而感动，另一方面也为我们自己用 40 分钟就跨过了人类认识提升的 1200 年历史、表现出的巨大的学习潜能而骄傲！当然，有些同学学习中还感觉有些困惑，也别着急，数学家们都琢磨了 1200 多年，我们才学了一节课呢。

【实时评析：课堂中呈现数学史，其最终目标是为了学生发展。本课例这里使用数学史，是为了达到促进学生数学理解的效果，呈现的时机上密切结合学生的学习进程，呈现的语言形式上也更多地使用了口语，更为具体细微，从而让学生明白丢番图和韦达用字母表示数的不同；同时也运用历史上认识提升的艰难，巧妙地缓解了一部分学生的学习焦虑。】

师：下面让我们感受一下魔力框。[课件出示百数表——每行 10 个数，一共 10 行，并用两个小正方形拼成的长方形框（见右图）去框表中的数，每次框出两个数]

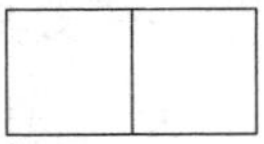

师：试了几次，你能不用框就报出那两个数吗？老师报前面的数，大家报后面的数。

师：16。

生：（异口同声）17。

师：78。

生：（异口同声）79。

师：30。

生：（犹豫地）31。

师：30。

生：好像框不出 31。

师：为什么？

生：因为 30 在上面一行，31 在下面一行。前面一个数是 30，后面没有数了，所以，后面的小正方形里没有数。

师：好，观察得非常仔细。现在我们看，很显然用这样的框去框百数表中的数，可以有很多种可能。能用一种方式把这样的两个数都概括起来吗？

生：可以。用字母表示。

生：前面的数是 a，后面的数就是 $a+1$。

师：真棒！想到了用字母来表示数。不过，细心的同学应该也会发现，这里的字母表示数的范围是有限制的。有兴趣的同学课后可以深入思考。

五、全课总结（略）

提示解读

在回味中把握认识突围的关键节点

课堂教学总得思考两个问题：教什么和怎么教。对于良好的课堂教学效果来说，两个问题都重要。但比较起来，"教什么"是个更为基础的问题。

翻读教科书可以发现，学习"用字母表示数"要掌握众多内容，要体会用字母表示数写法上的简洁性与规定性，领悟用字母表示数取值的确定与可变的辩证性，感受含有字母代数式既可以表示结果又可以用来表示关系的双重性。很多时候，作为一个学科教师，你觉得要给予学生的很多，但课堂教学是有一定时空限制的教育活动，你必须得梳理出教学的关键来。

与苏教版小学数学教科书配套的教师教学用书中说：用字母表示数是人类认识的一次飞跃。梳理出教学的关键来，就是要找出是什么导致了人类的认识产生飞跃？在什么地方花气力就能取得"四两拨千斤"的价值？数学概念，特别是战略性的数学概念，往往是人类千百年思维抽象的结晶，总得给学生们一个"实在的抓手"，这样才利于建立起对战略性概念的真正理解。历史呈现了知识的来龙去脉，叙说了人类认识如何步步深入，在抽象的过程中我们就能体会和把握认识提升的关键。

读数学史犹如品茶，需要慢慢回味，宜多些追问、比较和挖掘。首先要梳理出人类认识提升的各个时期。然后要细究从一个时期到另一个时期以什么为标志，其中突破的是什么，是什么形成了突破。这才叫作把握了知识形成的过程。就本课例来说，重要的是体会和分析丢番图和韦达虽然都是用字母表示数，但两者间有什么根本性不同。丢番图明明要比韦达早1200多年用字母表示数，但为什么偏偏是韦达被称为"近代代数学之父"？把这些思考清楚了，自然也就明白了教学的关键何在。缩写代数与符号代数这两者间是如此的不同，所以教学中才刻意地引导学生区别缩写表示和抽象表示的不同，体会字母已经如同符号一样没有任何具体的意义；所以教学中才刻意去引导学生感受"写不完"的紧迫，体会现在用字母表示的是一大群数；所以教学中才刻意安排课前谈话，孕伏用字母表示已知数是概括的道理……教的不同，是因为对"教什么"理解的不同。

美国数学家和数学史家 M. 克莱因说"从古埃及人和巴比伦人开始知道韦达和笛卡儿之前，没有一个数学家能意识到字母可以用来表示一类数"[1]（克莱因的研究忽视了古代中国的数学成就，中国数学家在代数方面的贡献应该是不可忽视的，本书后文会涉及）——历史能让人对"教什么"有醍醐灌顶般的醒悟，你品读到了吗？

---

[1] 转引自：汪晓勤, 樊校. 用字母表示数的历史 [J]. 数学教学, 2011 (9): 24-27.

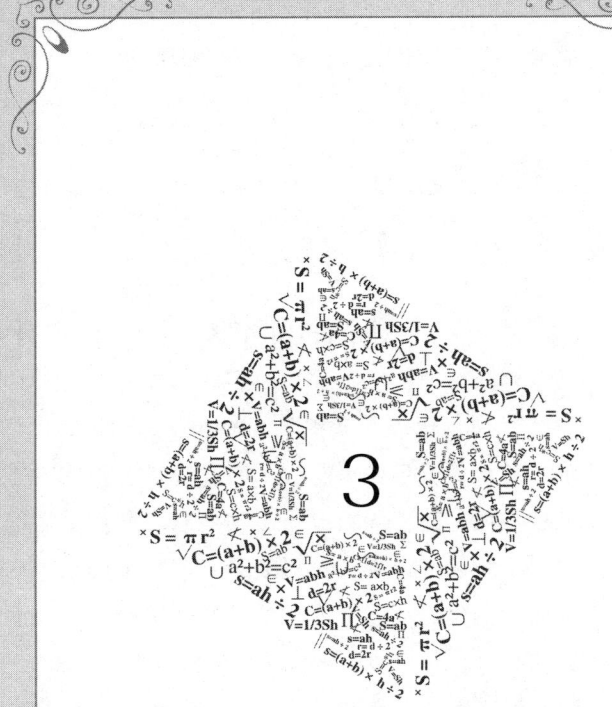

3

以史为镜捕捉知识的核心价值

——以"圆的面积"为例

解决一个问题,往往有多种办法,似乎它们都有意义。历史会告诉你,什么办法才切合历史发展的主流方向,具有在当下最应该被彰显和放大的价值。

所有的探索只为了"化曲为直"

几何,在拉丁文里是 geometria,原意是土地测量或测地术。其中,测地术的说法源自古埃及。那时,每年七月的雨季,尼罗河河水泛滥。洪水冲垮地界后,就得重新进行土地测量。所得土地的多少,是关系到缴税多少的大事,所以,古埃及就形成了专门测地的技术——它的基本内容就是各种土地形状的确定和图形面积的计算。因而,土地面积的计算是人类最早积累的几何知识之一。我国古代《九章算术》中设有"方田"章,给出 21 种办法来计算图形面积,也可以印证有丰富的土地测量实践就有面积知识的积累。

相传,论证几何的鼻祖、希腊哲学家泰勒斯从埃及人那里得到了诸多几何知识,并着手证明它们。他证明等腰三角形的底角相等,办法是另外画一个与给定的等腰三角形相同的等腰三角形,然后把它翻过来,和原等腰三角形重合,从而完成证明——人类最早的几何证明也就是如此状况。所以,我们可以大胆推测,人类最初关于面积的知识主要来自于直观观察和实验操作,这和初等几何知识脱胎于测地术是相吻合的。

古埃及莱茵德草书第 50 题"假设一直径为 9 的圆形土地,其面积等于边长为 8 的正方形面积"就说明,古埃及人已经有了圆面积的近似计算公式 $S=\frac{8}{9}d^2$。相传,这个公式是从数谷粒中归纳出来的。即把大小均匀的谷粒铺满一个圆和圆外切的正方形,然后分别数出两个图形中的谷粒数量,两个图形中谷粒数量的比值便是这两个图形面积间的关系。不仅古埃及人找到了圆面积的计算办法,而且各个古代文明都有自己的圆面积计算办法。比如,古巴比伦人的泥板文书表明,他们的圆面积是以圆半径为边长的正方形面积的 $3\frac{1}{8}$,等等。

埃及莱茵德草书又叫阿默斯纸草书。因为草书是阿默斯在公元前 1650 年左右用僧侣文抄录的。据他自己说明,这原是一部已经流传了两个多世纪的更为古老的著作,其中的数学知识得传于法老金字塔的督造师。这样算来,人类早在 3800 多年前,就已经掌握了圆面积的计算办法,而且这种办法与现今的圆面积计算没有本质区别。既然如此,那关于圆面积的思考应该被放下了才是,但事实恰恰相反,圆是曲边图形,如何完美地把曲边图形转化为直线形图形,一直为人类所牵肠挂肚。

古希腊人曾思考过"化圆为方"问题,即作出一个正方形,使它的面积等于给定的圆的面积。智人学派的学者安提丰采用圆内接正多边形解决"化圆为方"问题。他从正六边形出发,不断倍增边数,当边数足够多时,圆的剩余部分可以任意地小,圆似乎被"穷竭"了,多边形已经作得相当于圆,这样就得到了一个与圆相等的正多边形(见右图)。公元前 3 世纪,阿基米德把"穷竭法"拿来,在内接正多边形的基础上,创造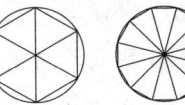性地引入了圆的外切正多边形,在圆的内接正九十六边形和外切正九十六边形的逼近中,阿基米德最终得到了不等式 $3\frac{10}{71}<\pi<3\frac{1}{7}$,也就是圆面积约是以圆半径为边长的正方形面积的 3.14 倍。

与西方阿基米德遥相呼应的是我国三国时代的数学家刘徽。在他之前的文字记载中,圆周率是"径一而周三",也就是整 3 倍。圆周率是圆本身固有的一个特质,等于圆的周长和直径之比,或者是圆的面积和半径平方之比,所以在逻辑上,研究圆周率等同于研究圆的周长和面积。刘徽直觉地认为,圆周率等于 3 是个谬误。在圆内画一个内接正六边形(见右图),如果圆直径是 1 的话,这个正六边形的周长就是 3。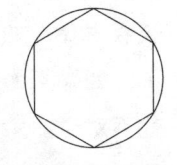而正六边形的周长显然比圆小,那么圆周和直径之比肯定大于 3。更进一步,从比较正六边形和圆的思路出发,刘徽找到了一个计算圆周长的方法——割圆术,即不断增加圆内接多边形的边数。他说:"割之弥细,所失弥少。割之又割,以至于不可割,则与圆周合体而无所失矣。"即边数越多,周长和圆周越接近;无限地割下去,就可以无限趋近于圆周。263 年,刘徽完成了《九章算术注》,在相应的题目下(方田术·三十二)用"割圆术"给出了圆周率为 3.14。后人祖冲之在此方法的指引下,得到了圆周率在 3.1415926 和 3.1415927 之间,更是了不起的成就。

古印度的数学家另辟蹊径,采用类似切西瓜的办法,把圆切成许多小瓣,把这些小瓣对接成一个近似平行四边形；再通过分割、平移将平行四边形转化为一个近似长方形，用近似长方形的面积代替圆的面积（见右图）。现在我国小学数学教科书中用来介绍圆面积转化为长方形面积的办法，就源于此。

数学家们苦苦探索，但无论怎样割圆或穷竭，一个直觉告诉他们直边形与曲边形之间总留有间隙，虽然它可以变得任意小，但曲与直之间的界限还在。到了17世纪，德国天文学家开普勒独辟蹊径，他在第二次婚姻的婚礼上，思考酒桶体积算法。受切西瓜的启发，他把圆分割成许多小扇形。他认为只有把圆分割成无穷多个小扇形，这时每个小扇形的面积就变成了对应小三角形的面积，于是圆的面积就等于这无穷多个小三角形面积之和；将这些小三角形等积变形，最后构成了一个大直角三角形，三角形的底就是圆的周长，三角形的高就是圆的半径，从而得出圆的面积计算公式 $S=\frac{1}{2}cr=\pi r^2$（见右图）。

开普勒无限分割、化曲为直的方法，跨越了曲与直的直觉理解界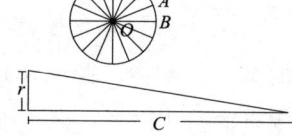限，它的意义无法估量。化曲为直得到了当时数学家们的高度评价，但也遭到了一些人的质疑。开普勒分割出来的无穷多个小扇形，每个小扇形的面积是否为0？如果为0，半径 OA 和半径 OB 就会重合，小扇形 OAB 就不存在了；如果不为0，小扇形 OAB 就有弧度，把它看作与三角形 OAB 面积相等就不对了。意大利物理学家卡瓦利里仔细研究了开普勒推导圆面积的方法，同样感到很困惑：把圆无穷分割，分割到什么时候才是尽头？只要是图形，就还可以继续分割。一天，卡瓦利里的目光落在自己的衣服上，突然茅塞顿开。如果把布看作一个长方形，那将布不断分拆，拆到棉线就为止了。几何学规定线没有宽度，圆不断分割，分到一根根线段就不能再分了。于是，他把不能再细分的东西叫作"不可分量"，并提出了用"全体不可分量的和"去解决面积乃至物体体积的问题。总而言之，开普勒无限分割的新途径获得了广泛关注，也引发了更多思考，被视为日后求积方法的灵感源泉。

现在，我们把圆的面积定义为近似多边形的面积 A_1, A_2, A_3, $\cdots$, A_n 组成的无穷数列之和的极限 A。首先在直角坐标中作出半径为 r 且圆心在原点的圆（见右图），此时圆的方程为 $x^2+y^2=r^2$，对于第一、第二象限的半圆 $y=\sqrt{r^2-x^2}$，与 x 轴的交点为 $(-r,0)$ 和 $(r,0)$，在 $[-r,r]$ 上取一点 x，加上一个无穷小量 dx，在 x 和 $x+dx$ 处分别作 x 轴的垂线，与圆相交后，就形成了一条边为曲线的近似矩形。当 dx 无限小时就成为一个矩形，这个矩形的长为 $\sqrt{r^2-x^2}$，宽为 dx，面积为 $\sqrt{r^2-x^2}\,dx$。由于截取了一小部分，这个矩形的面积极小，把无数个这样的矩形的面积累加起来，当 dx 趋于 0 时，这无数个小矩形的面积之和的极限就是半圆的面积。半圆的面积等于 $\frac{1}{2}\pi r^2$，所以圆的面积为 πr^2。

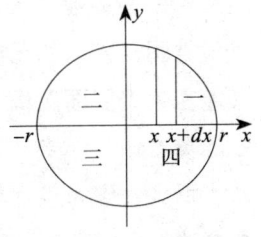

人类几千年来探索圆面积的计算原理，本质上就是探索直与曲、有限与无限的关系，这无意中成为人类思维最美妙的发明——微积分诞生历史中的一笔重要财富。

史料梳理

"无限分割"才是攀登未来的天梯

在数学史界，如果以数学对象及方法的质变提升为线索的话，人类数学的产生发展历史可以划分为如下四个时期：

数学的起源及早期发展时期：公元前 6 世纪前；

初等数学时期：公元前 6 世纪至 16 世纪；

近代数学时期（变量数学建立时期）：17 世纪至 18 世纪；

现代数学时期：19 世纪中叶至今。

虽然人类认识的提升过程不是线性的，但从数学的早期发展时期一直到近代数学时期，能一直被人类所关注和探索的话题并不多，关于圆的研究却能拉拉扯扯一直延续着。梳理一番，历史上典型的圆面积求解方法分别有古埃及人的实验操作归纳、古希腊阿基米德的穷竭法、古中国刘徽的割圆术、近代德国开普勒的无限分割再求和以及现在的微积分推导。教学中，如果学生能在直观层面上像古埃及人那样，独立地运用实验操作的办法发现圆面积的计算方法，那未尝不是好的教学追求。但如果预判那种创造只能可遇不可求，那么，作为教师就得考量对于小学生能接受的圆面积计算方法的多种推导方法间，到底突出哪种方法才更有价值？

实际上，就圆面积的计算来说，几个方法间没有质的区别，都把握了圆面积是以圆半径为边长的正方形面积的 3 倍多，有区别的是得到面积计算办法的思考过程。表面上看，无论是阿基米德的穷竭，还是刘徽的割圆，以及开普勒的无限分割，都有设法逼近圆的共同特点。但在历史面前，彼此的优劣也是显而易见的。

阿基米德的穷竭法和刘徽的割圆术，都是把正多边形的边数不断翻倍，让正多边形逐渐逼近圆，但两者在思想上有区别。阿基米德用几何证明的方法推导求解圆面积的计算方法。从正六边形开始，依次用圆内接和圆外切十二、二十四、四十八、九十六边形逼近圆的周长，给出了圆面积的计算公式：圆的面积等于以圆周长为底、半径为高的三角形面积。整个推导过程非常严谨，符合逻辑，展示了希腊数学追求数学严谨的智慧。阿基米德把穷竭法推而广之，还解决了二次曲面、圆锥曲线等求积问题。但他排斥无穷小的观念，其本质还是有限分割，仍然没有摆脱希腊人"对无限的恐惧"。割圆术则有所不同，明确地提出了"边数无限扩大的正多边形最终会跟圆重合"。虽然这样的直观表述对于数学来说远远不够，但这样的想法首先是无限分割的过程，其次描述了终将"合体"的终极状态，可以看作极限思想的萌芽。整个过程十分贴近现代积分学意义下的定义与计算公式，超越了他所在的时代。

刘徽割圆的无限逼近是含糊不清的，所以也就无法破除人类的直觉：无论怎么逼近，直与曲之间总会有缝隙。由此看，开普勒另辟蹊径，给予了人类一个新的视角去思考曲与直的相对关系是多么具有意义。他清晰地意识到，古代数学家不管把圆分割多少次，几千甚至上万次，只要是有限次，得到的只能是圆面积的近似值。因此，他一开始就提出要把圆分成无穷小的无穷多个小扇形，这些无穷小部分的和便是所求的圆面积。开普勒运用无限分割法求出了许多图形的面积。1615年，他将自己的新方法发表在《葡萄酒桶的立体几何》一书中，把人类的认识带到了通向近现代数学的通道门口。无穷小的思考，又经过费马、托里拆利、帕斯卡、沃利斯等数学家的智慧历练，人类思维最伟大的成果微积分渐渐地明晰了，牛顿和莱布尼茨最终分别提炼出了相关概念及计算的一般规则。

纵观数学史，圆面积计算公式至今没有发生本质性的变化，不断变化的是圆面积计算公式的推导方法，从有限分割到无限分割，再到利用定积分的方法。在割裂的历史片段中，每种方法都曾经在一定的历史时期得到推崇，体现出其存在的价值，但在完整的历史长河中，在数学科学丰富发展的大背景中，我们看清"无限分割、化曲为直"才是对后续数学学习最具有价值的，因而也是我们教学中最应该孕伏的。

教学探索

"我觉得最后会变成一根针"

教学内容：2014年苏教版教材五年级下册第96—97页。

教学目的：在问题情境的逼迫中，使学生通过折、剪、拼经历操作、猜想、讨论、归纳等数学活动过程，体会圆与方、有限与无限间的转化，探究圆面积计算办法，会计算圆面积。

一、提供观察情境，积淀空间观念

出示动画：一只拴着绳子的羊在草地上转一圈。（见右图）

师：用数学的眼光来欣赏这个画面，你会联想到什么？

生：拴羊的木桩是圆心，绳子是半径。

师：用数学的眼光观察事物，就变得有意思了。那羊活动的范围呢？

生：圆的面积。

师：说得好。那如果这只羊想要扩大活动范围，你能帮它想个办法吗？

生：可以把绳子拉长。

PPT演示拉长绳子，羊运动一周围成一个新的圆。（见右图）

师：发生了什么变化？

生：圆的面积变得更大了。

师：那说明圆的面积和什么有关？

生：圆的面积和半径有关。

师：那圆的面积和半径之间会有怎样的关系呢？让我们带着这个问题开始我们的探究之旅。（板书课题：圆的面积）

二、创设操作情境，建构空间观念

1. 让数学知识在已有的数学经验上生长

师：咱们先温故，然后再知新。大家回顾一下，我们学过哪些平面图形的面积？

生：我们学过长方形、正方形、三角形、梯形、平行四边形的面积。

师：那还记得我们是怎样推导出这些面积计算公式的吗？

生：长方形的面积计算公式是用"数方格"的方法推导出的，平行四边形的面积计算公式是把平行四边形转化成长方形推导出的。

师：是啊，平行四边形面积计算公式推导，我们走的是转化之路。那三角形和梯形呢？

生：三角形和梯形就是用两个完全一样的图形拼成一个平行四边形，走的也是转化之路。（见下图）

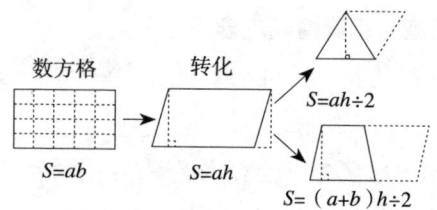

师：真是个善于概括的孩子。不过在回顾旧知的过程中，老师有一个疑

惑。我们一开始是用数方格的方法来推导面积计算公式的，那么往后为什么走的都是转化之路呢？

生：因为如果用数方格的方法来测量三角形或平行四边形的话，方格可能有的多出一些，有的少一些，没法准确测量。

【实时评析：回顾已学平面图形面积计算公式，感悟转化策略比数方格计量图形面积更具优势，让学生自然生成用转化的策略研究圆的面积。】

2. 呈现数学困境，引发矛盾，积蓄思维突破能量

师：那你打算用什么方法研究圆面积呢？

生：我觉得应该用转化的方法来研究圆的面积。

师：谁有不同的想法？

生：我想用数方格的方法研究圆的面积。

师：观察这个画面（见右图），你还坚持用数方格的方法研究圆的面积吗？

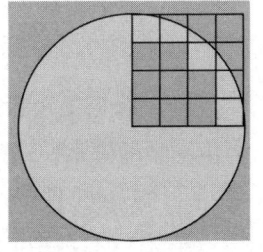

生：我觉得应该用转化，因为如果用数方格的方法，方格会多出来，而且还有一些方格直接露在外面，根本没有进去，所以说，用数方格的方法不能精确计算圆的面积。

师：通过比较，我们发现如果圆的边线变直了，测量就变得方便精确了。明白了这点，接下来咱们就想办法把曲变成直。（板书：化曲为直）

师：有什么办法可以把圆这个曲线图形转化为直边图形？从1号信封中取出圆片，四人小组一起交流。

学生动手操作，集体交流。（组合图片见下图）

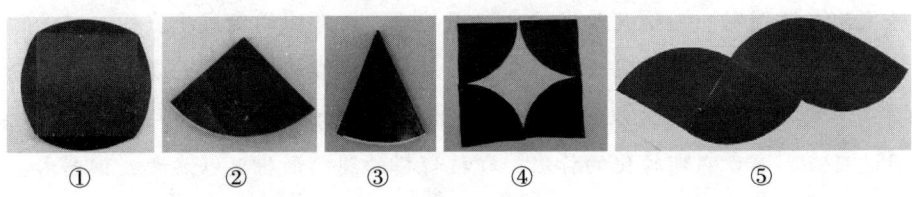

师：我们一起观察，这么多种转化方法，你觉得可以分成几类？

生：可以分为两类，图①、图②、图③都是折的，还有两个图是剪了

再拼。

师：先观察这几种折的方法，有什么想法？

生1：图①折成正方形不行。

师：理由是——

生1：把弯曲的部分折掉了，面积就变小了。

师：那其他两种折的方法呢？老师来采访一下这位同学，折了图②，为什么还要折出图③来，或者说你为什么要折得这么小？

生2：折成图②的时候，觉得那个底边还是挺弯曲的，所以再继续折，底边变得更平了一些。

师：哎，图②和图③连起来观察，还真是像这位同学所说的：曲的好像在变直。那你为什么不继续往下折？

生2：纸太厚了，不能再往下折。

师：看来光用折的方法，不能实现化曲为直。观察剪拼的图形，图④是哪位同学的探索？请来说说。

生3：我是把圆对折再对折，然后剪开，得到了4份，再拼成了正方形。

生4：但这样拼成的正方形，还包括了中间空白的部分，这样面积就变大了。

师：看来转化时，不能增加图形的面积，也不能减少图形的面积。图⑤倒是做到了这点，谁来评价评价？

生5：面积虽然没有变，但底边不平，弧线太弯了。

师：对啊，受不断折的启示，是否可以让底边变得平直些？

生6：分割的份数多一些，拼出的图形底边会变得直一些。

【实时评析：已学图形都是由线段围成的直边图形，而圆是曲线图形，要转化为直边图形——这就是思维要突围的地方。弯曲的变成平直的，孩子往往凭着生活直觉，把圆弯曲的部分剪去来转化成直边图形，或者把圆通过分割、镂空或重叠转化为以前学过的平面图形。让孩子经历这样的转化过程，通过交流，逐步明晰转化的标准，即被剪拼的圆，形状可以改变，但图形面积的大小不能改变。在观察比较中发现，将圆不断对折，会得到近似三角形；或者将圆平均分成4份，可以拼成一个近似平行四边形。不管是用折的方法，还是剪拼的方法，让学生在数学困境中初步感知图形的变化趋势——只要不

断分割圆形,底边会越来越平直,为进一步做出数理上的逻辑分析和合情推理做铺垫。】

3. 感悟数学思想,分割转化,体会曲与直的相对关系

师:事实真的如此吗?我们借助电脑帮忙。(多媒体展示下图)

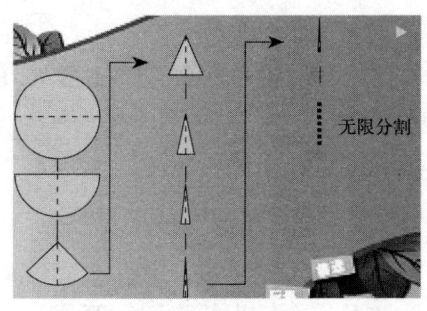

师:观察图形的变化,你发现了什么?

生7:剪的次数越多,它的底就越来越平直。

师:观察力真强,把掌声送给他。发挥我们的想象力,如果继续往下分,最后会分出一个怎样的图形呢?(多媒体演示无限分割)

生8:无限地往下分,我觉得会变成一个很小的三角形。

师:你认为呢?

生9:越来越小,说不定那个三角形就没有了。

生10:(反驳)不可能没有,我觉得最后会变成一根针。

师:你还有想法?

生11:越来越小,越来越小,就变成一根线了。

师:你们的想象力真强,跟意大利数学家的想法不谋而合。看来我们继续把圆分割下去,拼出的图形底边会变得更直。打开2号信封,同桌合作完成8等分和16等分的圆片的剪拼任务。

学生动手操作。

师:孩子们,让我们一起来观察拼出的图形(见右图),你发现了什么?

生12:我觉得它们越来越像平行四边形。

师:你从哪儿看出的?

生12：我发现它们上下两条边越来越平直。

师：怎样变得更直？

生12：继续分割。

师：还想分割下去吗？让我们请电脑帮忙，观察圆32等分后（多媒体演示），拼出的图形会有什么不同？

生13：我觉得有点像长方形。

师：刚才我们说拼出的图形越来越像平行四边形，现在我们发现再往下分的话，拼出的图形越来越像——

生：长方形。

师：那怎样让它更像长方形呢？

生：继续往下分。

师：好，咱们继续往下分（多媒体演示64等分）。让我们闭上眼睛想象一下，如果无限分割这个圆片，最后会拼出一个怎样的图形呢？（多媒体板演"无限分割"，见下图）

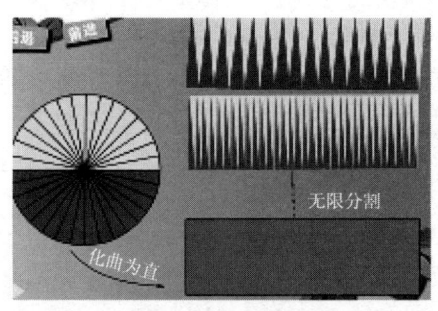

生14：我觉得最后会拼出一个长方形。

生15：老师，我有一个疑惑，圆是曲线图形，边是弯的，怎么会变直了呢？

师：你的疑惑曾困扰人们几千年，谁愿意来解释一下弯的怎么会变直了？

生16：随着分的份数的增多，每个图形越来越像一根线，是线的话就没有弧度了。

师：解释得真到位，感谢这位同学。孩子们，我们把圆通过无限分割，居然转化成了一个长方形,实现了"化曲为直"。这个思想在数学发展史上是有开创性意义的。让我们观察转化后的长方形和原来的圆有什么联系呢?如何由长方形的面积计算公式推算出圆的面积计算公式呢?同桌交流,把讨论的结果记录在研究单上。

学生四人小组交流。

师:交流有结果了吗?我们请一个小组来汇报一下。

生17:我们观察发现长方形的面积等于圆的面积,长方形的长等于圆周长的一半,长方形的宽等于圆的半径。(见下图)

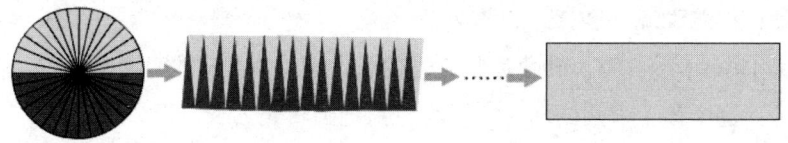

师:那怎么由长方形的面积计算公式推导出圆面积计算公式呢?

生:因为长方形的面积等于长乘宽,长方形的长等于圆周长的一半,宽等于圆的半径,所以圆的面积等于圆周长的一半乘半径。

师:那圆的面积计算公式用字母怎么表达呢?

生:圆的面积用 S 表示,圆周长的一半用 πr 表示,圆的半径用 r 表示,$S=\pi r \times r=\pi r^2$。

师:有了圆面积的计算公式,会算羊活动的面积了吗?

【实时评析:圆是曲线图形,边是弯的,怎么就变直了呢?学生的困惑,正是人类认识发展的障碍之处。无穷,曾是古希腊人不可逾越的一道坎。如何实现"化曲为直"?我们运用多媒体手段,把一个圆不断分割,就能直观地看到每次分出的一块图形,它的底边会越来越平直。随着分割的份数不断增加,图形越来越趋近于一条线段。在此基础上,组织学生把圆8等分、16等分后拼出直边图形,观察发现,随着剪拼的份数不断增加,拼出的图形越来越像一个平行四边形,再借助多媒体课件不断细分,充分感知图形的变化趋势,由平行四边形逐渐变成长方形。】

三、回归生活情境，深化空间观念

计算羊吃到的最大草地面积。（见右图）

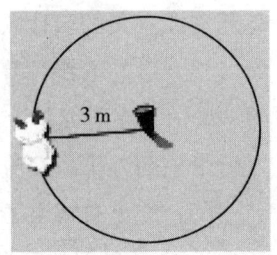

师：谁来汇报一下计算过程？

生18：我是根据公式来计算的，列式为 $3.14 \times 3^2 = 28.26$（平方米）。

师：看来要求圆的面积，只要知道——

生：圆的半径。

师：还有不同的列式吗？

生19：$3.14 \times 3 \times 3 = 28.26$（平方米）。

师：你能说说每步算式的意义吗？

生19：3.14×3 算出转化后长方形的长，宽是3，长乘宽算出面积。

师：这个孩子求圆的面积时还联想到把圆转化为长方形，很好。

四、引入历史情境，提升空间观念

师：回顾一下，这节课你有哪些收获？

生20：我学会了圆的面积计算公式。

生21：我知道了圆的面积是半径平方的π倍。

生22：我懂得了圆经过无限分割，最后实现化曲为直，转化为长方形。

师：（小结）是呀，重要的不只是会算圆的面积，更重要的是通过无限分割，实现化曲为直。这一想法是17世纪德国数学家开普勒开创的，下面我们一起来听一听他当初的想法。（多媒体展示下文并朗读）

开普勒是17世纪誉满欧洲的德国数学家。在他之前，数学家们都是通过从圆内接正多边形入手，让边数成倍增加，用圆内接正多边形的面积去逼近圆面积。这样不仅计算复杂，而且所得结果都是近似值。开普勒受切西瓜的启发，把圆分割成无穷多个小扇形，每个小扇形都可以看成等腰三角形，每个三角形的顶点都处在圆心上，因而它们的高都等于圆的半径，所有底边连起来的长度和就等于圆的周长。当把这些小三角形等积变换后，就成了一个大的直角三角形。大三角形的面积，就是圆的面积。

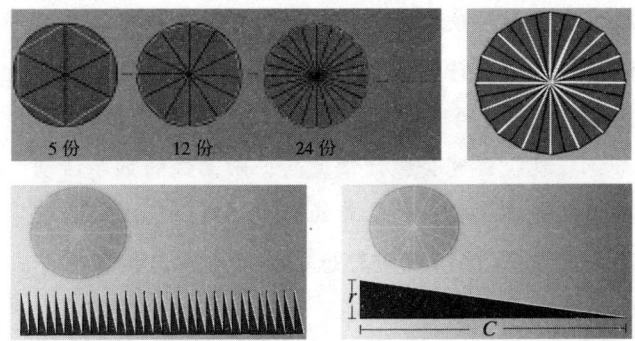

【实时评析：开普勒"无限分割、化曲为直"的方法沟通了古代与现代圆面积的求解方法，是实现历史飞跃的桥梁。通过介绍开普勒的办法，学生清晰地看到"圆分割成细小的三角形，等积变形后转化为直角三角形"，再次激发学生体会曲与直、有限与无限间的关系。】

独到的，才是值得放大的

同样的数学知识，却有不同的教学预设。不同的预设，不是授予知识的不同客观意义，而是赋予教学的不同价值追求。所以，有一个问题一直存在，那就是如何选择更有价值的教学视角。

就本课例来说，课堂的逻辑主线显然不在于圆面积的计算方法，而在于曲边图形向直边图形的转化，教学的重点放在体会"随着分割次数的增加、由'面'变'线'、曲自然成直"的数学过程。从学生"把弯曲的部分折（剪）掉就变成直的"，到"折着折着，弧度就有点变直了"，再到"分的份数越多，每个图形越来越像一根线，是线的话就没有弧度了"。根据不断细分后拼成图形的变化趋势去想象它们的终极状态——长方形。这个长方形正是这个无限图形序列的终极状态，也就是无穷系列的极限。这样的选择，正是品读历史的结果。就一个知识来说，其承载的育人价值可以是多元的，回到历史中，你才能把握什么是符合历史主流前进方向的，什么是促进历史进步的关键节点。换言之，历史的选择更应该成为一个教师的教学选择。

显性的知识技能，终究会被慢慢淡忘；而隐性的数学活动经验、数学方法思想，更易于促进终身受益的素养的形成。所以，我们的数学教学要努力从"双基"走向"四基"。而数学思想是对数学知识和数学方法更为精华的概括，因此，一种数学思想必然会蕴含在不同知识的学习过程中。那在不同阶段面对不同学习内容，对同一种数学思想的渗透和感悟，是否有不同的侧重？换言之，我们组织学生感悟数学思想、积淀数学活动经验，主要就要用"有机渗透、反复感悟"的办法。这里的"反复感悟"是否意味着不同情境下同一要点的简单重复呈现？就平面图形面积计算方法的推导，从平行四边形面积计算方法的推导开始就提"转化"，三角形和梯形的面积计算方法的推导又讲"转化"，那到圆面积计算方法的推导时，难道还是毫无变化地再提"转化"吗？一种数学思想犹如一个万花筒，即便还是它，但稍一变化，就能呈现不一样的要点与价值。因此，我们需要结合数学思想在不同知识技能形成与运用过程中展示出的独到价值，把它挖掘并放大呈现，这样，"得得相积"，不同侧重点的聚集，对数学思想和数学经验的感悟便丰满起来。

北京教育学院季苹教授在其著作《教什么知识——对教学的知识论基础的认识》中提出，每一个知识都兼具事实性、概念性、方法性、价值性四个侧面，没有概念去概括，客观的事实或现象只能是经验；没有方法去运用，概念或原理只能是词语符号；没有价值取向的揭示，方法只能是机械的步骤。由事实性到价值性，理解逐层递进，知识也变得越来越"有意义"。可惜的是，一般教师都只关注一个知识"是什么"、"怎么办"，很少有意识地去追问"为什么"。几千年来，人类创造的数学知识浩瀚无边，为什么偏偏是那些知识进入小学数学的课堂？虽然数学一直在发展，为什么有些数学的概念和方法没有被边缘化，一直需要儿童学习？答案其实很简单，因为这些数学知识自然、简单而且必要，具有独到的价值！所以，我们需要有宏大的视野，在数学知识的整个体系中去领悟为什么人类要创造这个概念，去琢磨为什么要有这个方法，甚至假设没有这个概念或方法会怎样。教学中突出了这些，也就把握了知识的价值性，直抵知识的核心之处。

4

历史的方向就是教学努力的方向

——以"认识平行"为例

方向对了,越努力才越能体现价值。有些教师的教学有着更为宏大的视野、更为清晰的方向,可能就是因为历史便是如此推进的。

 史海钩沉

欧氏几何的发展史几乎就是平行的思辨史

几乎所有国家的数学史都认为人类的几何学起源于古埃及。周期性泛滥的尼罗河使得埃及人经常进行土地大小的再丈量,在这一过程中人类掌握了最早的几何知识。现在通用的英文"几何(geometry)"一词源于古希腊语,就是"土地"和"测量"两个词复合而成的。

埃及人对几何学的兴趣没有超越丈量土地的需要,而古希腊的数学从一开始就与众不同,他们不仅关注知道了什么,更重视是怎么知道的。这种不依据直觉而依据推理去思考的追求,使得古希腊诞生了纯粹推理意义层面上的几何知识。经过大概三个世纪的努力,希腊数学的智者们已经从素材到框架为建造经典几何的理论大厦准备了完备的条件。历史的重担最终落在了欧几里得身上。

后人对欧几里得的生平知之甚少。他早年应该求学于柏拉图学派,大约在公元前300年,在托勒王的邀请下,来到了当时的文化中心亚历山大里亚执教。当时,摆在欧几里得面前的路有两条:一是收集和整理已有的数学具体成果,以命题形式给出,对未证明的命题给予证明;二是筛选定义和公理,组织起一贯的逻辑体系。欧几里得选择了第二个任务,经过大约十年的艰苦努力,世界上第一个以公理方法建立的数学理论诞生了,欧几里得将由此形成的著作取名为《原本》——原书的名称为希腊文"定理"一词的复数形式,因此原书的名称更为直接的意思是"诸定理"。现代西方普遍使用拉丁文译名,就是"原本"的意思。虽然《原本》的基础部分不够严密,有些证明也有错误,全书也没有一气呵成。但无论如何,数学作为科学是从欧几里得开始的,《原本》由此成为后面几乎所有数学分支建立系统理论的榜样。

一直到18世纪末,几何领域仍然是欧几里得几何的天下。虽然1637年法国数学家笛卡儿引入坐标的观念,创立了解析几何,改变了几何研究的方法,但没有从实质上改变欧氏几何的具体内容。欧氏几何在数学殿堂始终保

持着至高无上的地位。然而，欧氏几何并非无懈可击，问题就出在它的第五公设，也被称为平行公设。

《原本》给出的最后一个定义便是"平行"：在同一平面内的直线，向两个方向无限延伸，在不论哪个方向它们都不相交；给出的第五公设是这样的：同平面内一条直线和另外两条直线相交，若在某一侧的两个内角的和小于两个直角，则这条直线无限延长后在这一侧相交。大家觉得这里有问题，也是出于直觉——数学的公设应该"自明"，即不用证明而直接符合大众的直观认识，但是这第五公设却不像其他公设那样简洁明了。疑点之二，《原本》中使用第五公设较晚，而且只使用了一次。于是，人们试图寻求更加"自明"的命题来替代它——现在我们常用的"过已知直线外一点能且只能作一条直线与已知直线平行"，就是这样的替代说法，但所有替代公设并不比原第五公设更容易被接受。2000多年来，人们从正面对第五公设的研究断断续续，一无进展。到18世纪，有人醒悟：第五公设会不会根本就不可能从其他定理推理而来？如果否定第五公设会出现什么情况？

在前人研究的基础上，19世纪初，德国的高斯、匈牙利的鲍耶、俄国的罗巴切夫斯基各自独立地建立新的几何学，他们都从欧氏几何第五公设相反的假设（通过直线外一点，可以引出不止一条直线平行于已知直线）出发进行逻辑推导，得出了一连串相互间不矛盾的定理。其中，高斯被誉为非欧几何的先驱，早在1792年，15岁的高斯就认识到了第五公设不可证明。1799年起，他开始着手构建这一新几何——最初被称为"反欧几何"，之后又被改为"星空几何"，最后定名为"非欧几何"。由于非欧几何得出的定理与现实中人们的直观感受格格不入，高斯慑于自己已有的声望，终生没有发表自己的非欧几何论文。罗巴切夫斯基被誉为"几何学上的哥白尼"，他最早和最系统地发表了非欧几何的论文。但那时人们都先天地认为"符合感性直观的才是正确的"，因此逻辑推理上的无懈可击并没有给罗巴切夫斯基带来好运。从1826年2月他在学术讨论会上第一次做新几何的报告，到1856年2月他在苦闷和抑郁中病故，尽管罗氏多次发布论文为他的新几何学呐喊，但世人的认识被现实世界的直观经验所禁锢，不但不接受罗氏的观点，反而对其进行嘲讽和攻击。历史终究做出了公正的评判，当人们在欧氏几何的空间里发现了非欧几何的直观模型后，长期无人问津的罗氏几何才得到学术界的重视，

数学史走进小学数学课堂：案例与剖析

人们才对罗巴切夫斯基做出的卓越功勋表示了由衷的钦佩。

当高斯看到罗巴切夫斯基撰写的非欧几何论文时，内心是十分矛盾的。一方面，他私下里在朋友面前高度赞扬罗巴切夫斯基是"俄国最卓越的数学家之一"，并下决心学习俄语，以便直接阅读罗氏的非欧几何著作；另一方面，却又不准朋友向外界泄露他对非欧几何的看法，也不以任何形式对罗巴切夫斯基的研究做公开评论——高斯的矛盾和不作为，恰恰暴露了其人性深处的弱点。历史上，最先理解非欧几何全部意义的数学家应该是高斯的学生黎曼。他以"过直线外一点所作任何直线都与该直线相交"代替第五公设，保留欧氏几何的其他公理和公设，并经过严密的逻辑推理建立了又一个几何体系——黎曼几何。

就这样，人类一下子拥有了三种几何理论体系。它们都拥有除平行公设以外的欧氏几何学的所有公理体系——如果不涉及与平行公设有关的内容，三种几何没有什么区别，但只要与平行有关，三种几何的结果就相差甚远。比如：

欧氏几何	罗氏几何	黎曼几何
三角形内角和等于180度	三角形内角和小于180度	三角形内角和大于180度
平行线之间距离处处相等	平行线之间的距离沿平行线的方向越来越大	两平行线之间的距离沿平行线的方向越来越小
有矩形和相似形	不存在矩形和相似形	不存在矩形和相似形

三种几何学有着相互矛盾的结论，但真理只有一个，怎么会存在三种矛盾的真理体系呢？从主、客观的关系看，人类的信条——"符合直观感受的才是正确的"没有错，只不过当人类的活动空间很有限时，欧氏几何是适用的。但如果做远距离的旅行，比如从北京到纽约，在地球的球面上两者间的最短路线就不再是直线，而是一条圆弧，其三角形的内角和也大于180度，这就适用于黎曼几何。如果在太空遨游，那罗巴切夫斯基几何将大显身手。从数学的内部看，非欧几何和欧氏几何虽然有些结论相互矛盾，但能并存，只是因为逻辑推理的起始定义和公设不同而已。欧氏几何中的"直线"概念还是具有实在意义的，就是人们在日常生活中感受到的直直的线；而在黎曼

几何中，球面上所谓的"直线"就是一个大圆，也就是经过球心的平面与球面的交线，过已知"直线"外一点可以画无数条"直线"和已知"直线"相交，也就没有了平行线。在罗氏几何中，有多种模型可以阐释"过直线外一点至少可以画两条直线和已知直线平行"。法国数学家庞加莱的模型中，把垂直于单位圆周的圆弧定义为非欧几何的"直线"，那么，过"直线"a 外一点 P 可以作无数条"直线"和已知"直线"不相交（见右图），也就是平行。

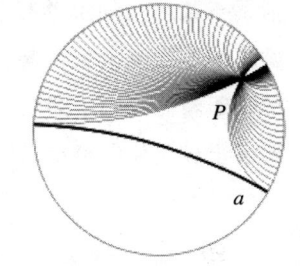

非欧几何的诞生，解放了人们的思想，数学不再是对自然的刻画，也可以是人类心智的自由创造。19 世纪中叶以后，通过否定欧氏几何中这样或那样的公设、公理，产生了各种新奇的几何学，展现了千姿百态的发展态势。而实际上，不仅仅是几何，代数也同样如此。面对着数学分支蓬勃发展的态势，数学界担忧着数学大厦还没有牢靠稳固的逻辑基础，因此兴起了数学的公理化运动，希望从更高的观点统一起所有的数学知识，从而揭示它们的内在联系和本质特征，使得数学大厦建立在少数公理的基础上。从 19 世纪到 20 世纪，这一潮流成为数学发展的主要动力。

统一几何学的第一个方案是德国数学家克莱因提出的。1872 年，他指出，由于近来急剧的发展，使实质上统一的几何学分解成彼此几乎毫不相关的一系列分科，因此必须进行总括起来的考察。而所谓几何学，就是研究几何图形对于某类变换群保持不变的性质的学问。这样一来，几种重要的、表面上毫不相干的几何学便联系了起来，不同的变换群对应着不同的几何学。

统一几何学的另一条路径是德国数学家希尔伯特开创的，那就是对现代数学影响深远的现代公理化方法。公理化方法始于欧几里得，然而《原本》中的定义和公理都以现实直观的经验为支撑，公理"不证自明"的意义就是公理所阐述的规律要与日常生活中获得的直观经验相吻合，这也是欧氏公理法的显著缺陷。因此，希尔伯特明白：要使几何学成为一门真正的演绎体系，那么推理的基础既要与几何概念的意义无关，又要与图形无关，只保留其形式化的逻辑架构。希尔伯特比任何前人都更加透彻地厘清了公理系统的逻辑结构和内在联系，提出了公理系统要具备相容性、独立性和完备性，如此组织起来的体系中，通过否定或者替换其中的一条或几条公理，就可以得到相应的某种几何。

人类的几何知识，起源于人类祖先对物体的大小、形状和位置关系的直接印象；而后在生活设施（房屋、器皿等）和生产工具的制作中，经过不断地比较、分析、综合，确立了空间观念，把握了图形及大小的基本性质，积累了丰富的几何活动经验；是希腊人完成了几何经验的学科化建设，从此人类进入了论证几何时期。这之后，几何学的发展与关于平行线的讨论密不可分，随着讨论的不断深入而生长出不同的分支，在19世纪，茂盛的几何学大树终于被克莱因和希尔伯特一统为高观点的数学核心思想方法。

 史料梳理

历史能"养人"

英国哲学家培根说，读史使人明智。作为数学教育工作者，知道和不知道几何发展史，他的数学素养是截然不同的。

欧氏几何的长久"辉煌"能让教师明白数学的学科特质。从公元前约300年一直到公元1826年2月，欧氏几何始终被人类认为是关于空间形态的唯一真理。如果我们去掉欧氏几何的具体内容，保留它的逻辑架构，把它作为数学公理办法的标志，那么其至今还"辉煌"着，甚至越过了数学的边界，在自然科学乃至社会科学领域里得到重视和运用。这一切有力地标榜着这样的事实：公理化是数学最重要的特点之一。从这个意义上说，数学就是从少数"自明"的结论（公理）出发，采用逻辑演绎（三段论）的方法，推出新定理、新公式的科学。

有了欧氏几何，为什么还能有局部结论矛盾的非欧几何？不同的几何体系，推理的规则都是三段论，呈现了矛盾的结论，皆是因为选择的公理不同（欧氏几何、罗氏几何、黎曼几何的公设都有5条，其中第5条关于平行的公

设不同，其余的都相同）。进而，我们是否可以这样说，那些矛盾的结论早已暗含在不同选择的公理之中，推理出的具体结论皆是所选择公理的更为具体的表述。这用哲学家维特根斯坦的话来说，数学，仅仅是一种伟大的同义语的反复。一堆经验和结论，要成为一个学科，就用公理把它们组织起来。而如果对一个理论产生怀疑，那么只需选择公理进行考察即可。非欧几何不就是这样产生的吗？

非欧几何的兴起会改变教师对数学的本质认识。一个知识领域能屹立2000多年，值得回味。一个屹立了2000多年的学说被扩展，更值得品味。罗巴切夫斯基被誉为几何学的"哥白尼"，因为非欧几何的诞生触发了人类关于几何观念和数学观念最深刻的革命。几何学研究的基础是原始概念的定义和公理，而原始概念和公理的基础都是人类的直观经验。但非欧几何颠覆了这一切。欧氏几何里，直线就是直线，这一切和人类在现实世界里得到的直观感受是完全一致的；非欧几何里虽然概念的名称也叫"直线"，但其具体内容却可以是一条曲线、一段圆弧。数学的概念不再需要实在直观的支撑，称它们是什么无关紧要，只要满足公理所要求的条件，什么都可以作为逻辑推理的对象。这正如希尔伯特所说的那样——"我们必定可以用桌子、椅子和啤酒来代替点、线、面"，其意思并不是说几何要研究桌子、椅子和啤酒，而是在几何学中，点、线、面的直观意义要被去掉，研究的只是它们间的关系。由此，数学获得了自由，数学可以挣脱现实束缚、凭借人类思维进行无限制的自由发展，一个数学家不会关心一个新的数学结论是否符合客观实际，只关心它是否合乎逻辑推理。说得更直白些，一个数学分支就是一套能自圆其说的说法。

几何学统一的历史方向昭示着教师教学努力的方向。关心一段历史，要关心历史的源头和发展，更要关注历史的走向。从几何史的发展中，我们可以体会到数学的公理化本质，而从各种几何学最终统一的走向，我们还应该感受到数学的统一本质。跳出几何学，放眼整个数学的起源与发展，同样可以感受到数学的多样性与统一性。数学起源于计算与测量，"数"与"形"一直是数学的主要研究对象。两个貌似不相干的领域，被笛卡儿创建的解析几何统一了，原来代数不过是书写的几何，几何也不过是图形化的代数。笛卡儿引进了坐标，也引进了变量数学，由此又诞生了微积分，为18、19世纪数学的空前大发展奠定了基础。人类在数学空前多元发展的同时，也一直努力地在统一数学，虽然曾经失败过多次，但却把数学各个不同分支间的内在关系梳理得越来越清楚。到 20 世纪初，布尔巴基学派依据各种各样的概念的共同特征发明了"结构"的概念，数学不再依据具体研究的内容划分为代数、几何、分析、数论等领域，而是依据"结构"进行了重构，用全新的观点统一了整个数学。总之，数学呈现着多元发展和统一整合的历史进程：一方面，打通不同数学分支的界限往往能诞生新的数学分支，数学的发展越来越深刻和丰富；另一方面，从更高层次上发明一个新概念，往往能统摄不同的数学分支，在高观点下数学越来越协调和统一。数学的有机统一是数学学科固有的特点。

人类对平行公设的思考，无意中丰富和促进了几何学的发展，并进而构筑了几何学大厦。组织小学生学习"平行"，若要渗透非欧几何的思想，似乎步子太大了。要接受一个和经验积累完全不一样的认识谈何容易？所以，不必刻意而为之。从"不相交"的经验提炼为"平行"的数学概念后，教学还应该向什么方向努力？能否从"统一"的视角给教学注入些新的可能？……

教学探索

"要一动不动地移"

教学内容：2015 年苏教版教材四年级上册第 92—93 页。

教学目的：经历探索平面内两条直线之间位置关系的过程，认识平行的概念，掌握画平行线的方法，积累几何知识的学习经验，发展空间观念。

一、导入

师：孩子们，我们在学习生活中经常遇到这样的情形（课件演示：铅笔盒不小心从桌子上掉下去了），发生了什么事情？

生：铅笔盒掉了下来掉出来两支铅笔。

师：对，请大家观察掉下来的两支铅笔，下面的两种情况相同吗？（课件演示：一种情况是两支铅笔都掉到了地面上；另一种情况是一支铅笔掉到了地面上，另一支铅笔掉在了椅子上）

生：两种情况不同。一种情况是两支铅笔都掉到了地上，还有一种情况是两支铅笔分别掉到了不同的地方——一支在地面上，一支在椅子上。

师：非常好。当然铅笔只是个例子，今天的数学课，我们着重研究表示铅笔的线段所在的直线（板书：两条直线）。两支铅笔都掉在地面上，在数学里我们就说"两条直线在同一平面内"（板书：同一平面）。两条直线间的位置除了像这样外，还可能是什么样子？你能动手画出来吗？动手之前，老师提几个要求：用水彩笔（为了在展示台上更加突出）和直尺画在老师给大家的点子纸上；各种画法要尽可能不同；给定的时间里，比比谁的画法多。

【实时评析：历史告诉我们，初等几何出自测量经验，因此，教学从生活中寻找贴切的情境起步。"铅笔掉下来"的情境，又显然经过了心理学与教学法的加工，剔除了无关紧要的干扰因素，让学生的感知聚焦于两支铅笔的位置关系。要求学生画出尽可能不同的位置关系，意在穷尽各种位置关系，体现位置关系的分类。】

二、交流

用实物展示台展示一个学生的画法如下（学生是在点子纸中画这些直线的，背景略）：

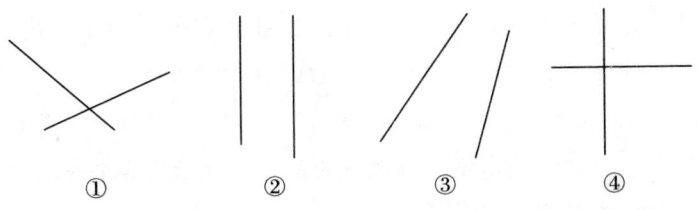

师：我们以这个同学的画法为例，一起来分析一下。老师刚才提了要求，各种画法要尽量不一样。现在这几种画法中，真的就没有相同的画法吗？

生：（有的马上举起了手，有的甚至直接喊了起来）不是。

师：哪几种画法是相同的？为什么？

生1：第一种和第四种的画法是一样的，因为它们都有重合在一起的地方。

师：老师懂你的意思，就是两条直线有一个点是重合在一起的。那也就是说，两条直线——

生1：交叉在一起。

生2：相交。

师：很好。刚才有同学说了一个很好的词：相交。（板书：相交）

师：（手指第三种画法）那这两条直线相交吗？

生：（异口同声）不相交。

师：（板书：不相交）我们的眼睛还没有看到相交那是肯定的，但不知道这两条直线画得长一些，是什么结果？

有的学生情不自禁地用手沿着那两条直线比画着。

生3：画长一些，会相交的。

师：从哪里看出来的？

生4：那条直线斜过来了。

生5：那条直线靠过来了。

生6：从下面往上看，两条直线之间的距离越来越近了，再画下去就会相交了。

师：哪个同学上台，用测量数据把大家刚才观察的结果表示出来？

一学生上台，用尺比画着直线，要测量两条直线的长度，下面有同学喊了起来。

师：哪个来帮他大致测量一下这两条直线间的宽度有什么变化？

又上来一个学生，顺利测量了两条直线间的宽度。

【实时评析：观察是数学学习的开始，但数学不是靠观察而是靠推理建立起来的。因此，教学还要求学生在观察的基础上说清楚其中的道理。这正是教者数学观念更为深远的体现。】

师：看上去不相交的两条直线，画长一些实际上是相交的。照这样看来，第二组的两条直线也是相交的。

生：（多数说）不是。

师：怎么不是啊？哪个同学用测量的数据来说服我？

学生上台测量两条直线间的宽度,并说明了:宽度没有变,两条直线一直隔着那么远,不会相交。

师:经过一番分析,看来画在点子纸上的两条直线或者相交,或者不相交(板书:不相交)。和你的同桌说说,你刚才的各种画法中,哪几组直线是相交的,哪几组直线是不相交的。

同桌交流。

三、抽象

师:孩子们,数学与生活就是这样密不可分。刚才,我们借助掉在地上的两支铅笔,了解了画在一张纸上的两条直线间的关系,一种是相交,另一种是不相交。数学上,我们把这样不相交的两条直线叫作相互平行(板书:互相平行)。其中一条直线叫作另一条直线的平行线。下面你能找出平行线吗?(出示下图)

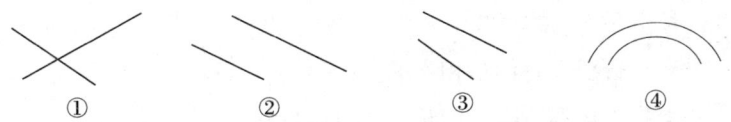

生:第二组直线平行。

师:那第三组直线是什么关系?

生:它们是相交的。

师:哦——不相交的才是平行线。那第四组也平行才是啊!

一部分学生犹豫了。

生:第四组应该不是平行线,它们都是弯曲的,平行线指的是直线。

师:平行线是直线间的关系,这个提醒得好!我们周围的世界就是图形和线条的世界。你能从生活中找出平行线吗?(出示下图)

生7：我找到了平行线。荡秋千的两根绳是平行的。

生8：游泳池里那两根隔离带是平行的。

师：容易找的都解决了。铺的地砖中能找到平行线吗？

生9：直线①和直线②是平行的。

师：还有平行线吗？

生10：直线③和直线④也是平行的。

师：图中直线①和直线③什么关系？

生：它们是相交的。

师：直线④的平行线是哪根直线？

生：是直线③。

师：很棒，进一步加大难度。你能在运动前后的图形中找到平行线吗？（课件出示：三角形的小旗——让小旗绕着小旗尖旋转，让学生找旋转前后的小旗中是否有相互平行的直线）

生：没有平行线，它们是相交的。

师：一个物体运动，除了旋转，还可以怎样？

生：平移。（顺着学生的回答，课件出示了一扇铝合金窗，但没有轨道）

师：大家仔细瞧，这是生活中的铝合金窗，它要平移的话还缺什么吗？

生11：缺窗框。

师：老师懂你的意思，"缺窗框"更确切地说是缺供窗页移动的轨道。现在添上轨道（课件演示给窗页添上窗轨），窗页的同一条边在平移前和平移后是什么关系？

生：它们是平行的。（边指边回答）

师：谁给总结一下？

生12：旋转前后找不到相互平行的直线，图形平移前后能找到平行。

【实时评析：在静态的图片情境中辨认平行，是对平行这一数学概念的巩固；在动态中找寻平行，看似也是巩固，实质是一种统一，打通了"平行"与"平移"间的关系。平行，既可以从两条直线间的位置关系下定义，即同一平面内两条不相交的直线互为平行；也可以从平移的角度下定义，即同一个物体或图形平移前后对应的边互为平行。这种统一价值何在？请看下面的教学。】

四、操作

师：学到这里，大家对同一平面上两条直线之间的关系理解得很透彻了。但学习数学不仅要会观察、善思考，如果还能动手做，那就更出色了。你们能画平行线吗？实际上，很多同学在这节课的一开始，就已经会画不相交的两条直线了，只不过那时还不知道它们叫平行线。下面的操作，老师会提高要求：一边画，一边总结画平行线你用了哪几步？

学生试画，绝大多数学生徒手移动直尺。

师：说说你是怎样画一组平行线的？

生13：我沿直尺下面的边画一条直线，再沿直尺上面的边画一条直线。

师：行，利用了物体两条平行的边来画。这种办法有缺点吗？

生14：只能画固定的平行线，不能画其他平行线。

师：对，那我们还有其他画平行线的办法吗？

生15：我先画一条直线，（直尺往下挪了挪）然后再画一条。

师：（随学生回答，板书"画 再画"，手指板书）那你在这两步之间就没有做什么吗？

生15：把尺这样……（边说边把尺移动）

师：哪个同学帮助他表达？

生16：移动。

师：（随学生回答，在"画"和"再画"之间板书：移）好，根据你们的办法，我也来试一试。（在展示台上先画一条直线，然后徒手移动直尺，有意识晃了一点，接着再画一条直线）

生：老师画的不是平行线，虽然很像平行线。

师：哎，我就是按照你们的办法画平行线的，怎么就不是平行线了呢？

生17：老师你画的两条直线上下不一样粗细，这条直线靠过来了，如果延长下去，就会相交。

师：嗯，道理讲得挺到位。给我找找原因，老师哪一步出问题了？

生18：是第二步出问题了，要这样移，（上展示台演示）要一动不动地移！

师："一动不动地移"，有意思的说法。也就是说，在直尺移的过程中，直尺——

生：直尺不能有晃动。

师：同学们，你们说的"一动不动地移"，在数学里有专门的名称——

生：是平移。

师：对，是平移！不过，你注意了吗，直尺什么也不依靠，要徒手平移还真不容易哦，最好给它——

生：最好给它加个移动的轨道。

师：是啊，如果有了轨道，那平移就方便多了。现在，我们把第一步"画"和第三步"再画"放一放，专门就研究如何加轨道，实现这一把直尺的平移。

同学们讨论开了，不断地尝试着。

生19：我的办法是这样的，我把练习本的边当轨道，让直尺靠着它来平移。

生20：练习本上有一行一行的线，我选这条线当轨道，直尺靠着这条线来平移。

生21：我用数学书的这里（指了指书脊）当轨道，直尺也可以靠着它进行平移。

生22：我有两把直尺，先画一条直线，然后把另一把尺靠上来，画直线的直尺靠着另一把直尺来平移。

生23：我先画了一条直线，然后把直尺靠着这条直线进行了平移。

师：好，真为大家高兴，有这么多精彩的办法！有同学刚才讲用两把尺来画平行线，我们不妨让他再来演示和讲解一遍，大家欢迎——

学生上台演示，配合着在课件中出示下图：

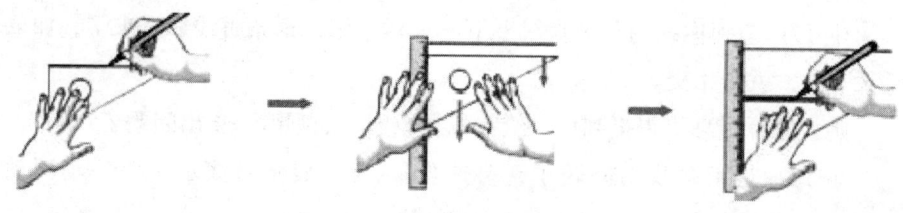

师：运用这种办法画平行线，可以画出任意要求的平行线。不过，教材误以为我们同学们不可能自己探索出这样的办法，所以，现在不做统一要求，

但我们了不起，我们理解了其中两把尺的各自作用，大家一起来试试。

学生尝试，交流还有什么为难之处或者要注意的地方。

【实时评析：画平行线，一则是种数学操作技能，二则在画平行线的过程中可以进一步加深对平行概念的理解，因此教学值得花时间。以往用两把尺画平行线的技能，都是教师示范学生跟着模仿，毫无学习的理解可言。正因为前面的教学打通了"平行"与"平移"间的关系，教学也就获得了新的视角，用两把直尺画平行线的技能也就变成了学生学习的触角自然延伸的结果，充满了思考的乐趣和操作创造的欢乐，这就是在看似不相干的知识间揭示内在联系的意义！】

五、拓展

师：今天我们学习了"平行"，如果从平行的角度去看我们以前学过的四边形，你有什么体会？你能把这些四边形从"平行"的角度进行分类吗？

学生交流辨析。（略）

【实时评析：学习了新知识，从新的角度审视以前的所学，实质也是种统一，知识间的融会贯通、思考的左右逢源，就是这种统一长久坚持的必然结果。】

师：平行的知识，在数学中属于几何知识，专门研究线、面、图形间的大小与关系。早在3000多年前，我们的祖先就认识了平行。我国的《墨经》说："平，同高也。"谁能解读这是什么意思？

生：应该是说两条直线之间一样宽吧，我们前面测量过。

师：对，《墨经》中打了一个比方，"平，谓台执也，若兄弟"，意思是说，两直线相平，好像身材差不多的两个兄弟抬的物体与地面相平一样。古希腊欧几里得的《原本》是人类早期的重要数学著作，你想知道古希腊人是如何论述平行的吗？

生：想。

师：《原本》中说，在同一平面内的直线，向两个方向无限延伸，在不论哪个方向它们都不相交，那就是平行。

生：和我们今天学习的意思差不多。

师：你也许不会想到，欧几里得关于平行的一个想法，"也许是科学史上最重要的一句话"[1]，几何学的发展正是源自人类对平行的孜孜思索！今天的学习，我们只是跨进了几何学的大门。下课！

越统一，就越深刻

有些话成为经典，是因为其深刻揭示了事物发展的规律。

德国数学家希尔伯特说："数学科学是一个不可分割的有机整体，它的生命力正是在于各个部分之间的联系。……数学理论越是向前发展，它的结构就变得越加调和一致，并且会使这门科学一向相互隔绝的分支之间显露出原先意想不到的神奇关系。"[2] 英国数学家阿蒂亚说："使数学保持完整与统一的主要砝码是发展更精致、更抽象的概念，在最理想的情形，它们能帮助得到总体性的综合，使大量特殊事实成为某种基本原理的不同表现。"[3] 把这两段话结合起来，我们也就从整体上把握了数学发展的规律。数学初创时期，没有精细的分类，它就是一个整体。随着人类生产实践能力和自身认识能力的提升，对数学的思考和研究也就越来越丰富和深刻。数学研究的领域越来越丰富，是因为人类往往在原本两个隔绝的分支间发现了神奇的联系，创造了新的领域；数学研究的领域越来越深刻，是因为人类往往又在多个数学分支之上创造了新的概念，从而在更为概括和抽象的层次上形成了新的领域。就这样，数学之树越来越茂盛。

数学发展的这种状况，站在历史的高度上，可以看得很清楚。这在我们所能理解的数学领域里，同样得以体现。加、乘与减、除的计算方法迥异，但有了负数，加、减一体；有了倒数，乘、除互化；数与形界限分明，但引

---

[1] 转引自：张顺燕. 数学与文化（续）：在北大数学文化节上的报告[J]. 中学数学月刊，2001（2）：1-3.
[2] 瑞德. 希尔伯特：数学世界的亚历山大[M]. 袁向东，李文林，译. 上海：上海科学技术出版社，1982：103.
[3] 转引自：张绍飞. 强化数学统一观的认识：兼谈数学素质的培养[J]. 高等理科教育，2007（4）：4-9.

入了坐标，数的问题便可以转化为形的问题；已知和未知泾渭分明，但有了代数，未知也可以像已知一样参加运算；从代数表达式看，直是线性方程，曲是非线性方程，差别明显，但在微分中两者等同无异；古人"一尺之捶，日取其半，万世不竭"，每次的取出皆是有限，但不断地超越后便是无限……有一点已经很清楚了，在原本两个不相干的概念、定理、公式间揭示新的联系，一定是因为有了新的数学概念、新的数学办法、新的数学认识！

小学的数学教育往往从情境中起步，经过比较分类、分析概括，提炼形成数学认识或数学概念。这一阶段之后，教学应该有意识地往哪个方向努力？绝大多数老师对此的思考不是很清楚。那现在很明晰了，就是要有意识地引导学生多多融会沟通不同知识间的内在联系。我国著名数学家华罗庚说，学习的最好办法是先"由薄到厚"，再"由厚到薄"。学习之初，对所学内容要做全面的解读，要做多方面的补充，要融入已有的所学与方法，这个过程就是逐渐变厚的过程。当对所学内容有透彻的理解，把握了核心实质，实现了融会贯通，那么枝节的、琐碎的内容便可以略去，原先汗牛充栋的内容也就统一为少数几个核心概念或原理，这个过程便是所学内容变薄的过程。联系起来看，"薄—厚—薄"的过程不正是数学知识产生发展的过程吗？

历史能"养人"，熟知历史并从中汲取历史智慧的人，对于数学，无疑拥有更为透彻的洞悉；对于数学教育，无疑拥有更为清晰的方向；对于教学纷争，无疑拥有更为明智的判断。

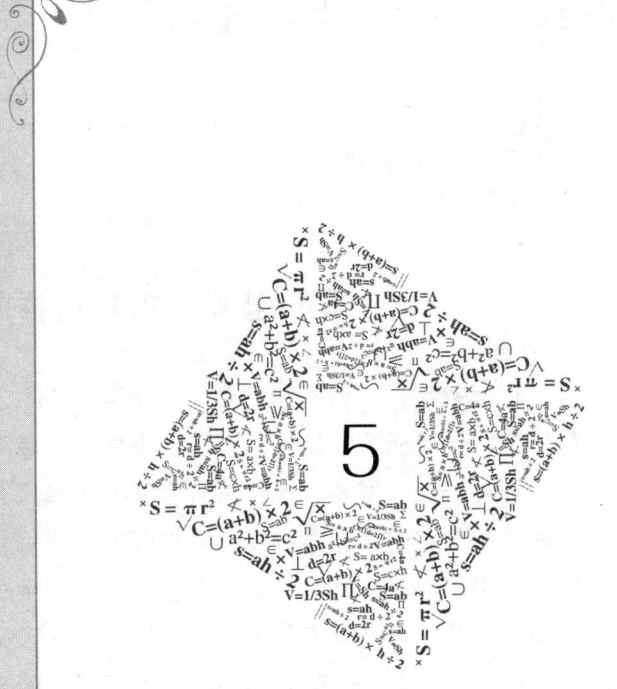

5

读史犹如拼图

——以"乘法的初步认识"为例

读数学史的本质,是立足于现实中的儿童去关注历史中的人,追问人类为什么要拓展认识,如何实现认识提升的,遭遇了什么障碍……

 史海钩沉

数的起源大概是这样的……

说起数学，不得不说到数（仅指自然数，下文同）。所以，数的起源始终是数学史研究的重要课题。但很遗憾，历史也无从客观、完整地回答这个问题。这是因为，人类拥有文字的历史只有数千年而已，而人类先祖开展计数活动的历史有数万年，没有史书能记载和描述人类是如何从心智中诞生出数的。另外，人类文明的早期，数学也只被用在税收、测量、历法制定、祭仪等领域中为少数人谋取利益，文字记录也只是落在受过训练的祭司、书记员等少数人的手中，他们记录的东西也不可能提供更多的细节内容。所以，初等数学中没有纯粹的客观历史。数学史研究者只能在人类历史考古研究的基础上，根据文物发掘出数学产生发展的蛛丝马迹，再大致勾勒出古代文明中数学发展的大致情形。鉴于此，我们只能说：数的起源大致是这样的……

人类的计数实践活动是从什么时候开始的，我们现在无法考证。据推测，人类的计数冲动应该源于猎物和果子等食物的分配与交换。首先建立的认识是食物的"有"和"没有"，然后是在此基础上"多"与"少"的认识。促进着认识从"有与没有"向"多与少"递进的动力可能是实物和计数工具间的匹配活动。古希腊荷马史诗记载，波吕斐摩斯被俄底修斯刺瞎后，以放羊为生。他每天坐在山洞口照料他的羊群，早晨羊出洞吃草，出来一只，他就从一堆石子中捡起一颗石子；晚上羊回洞，进去一只，他就扔掉一颗石子。当石子全部扔光了，他也就放心了，因为他知道羊全部回洞了。可见，把人类计数实践建立在对应匹配活动之上不是空口白话。根据考古研究，人类最初是利用石子、树枝、泥粒、贝壳等东西开展匹配活动的。从词源上看，拉丁文 calculi（计算）一词，原意就是石子；abacus（算盘）的希腊文原意是沙粒；汉字计算的"算"字，在古文中与"策"相通，而"策"据古籍《方言》记载，最初是指没有经过加工的细木枝。这些考证可以充分说

明，在数的形成过程中，石子、树枝、泥粒等东西曾经起过重要作用。

用石子、树枝等东西来匹配计数，最大的好处是简单好用。比如羊圈里增加了 2 只羊，要记下来，只需多放 2 颗泥丸就可以了。与此同时，其弊端也显而易见，那就是不方便保存计数的结果。为此，人类又学会了把小石块、贝壳、果核等用绳串起来，或者干脆就结绳记事，以及在兽骨上刻痕等。20 世纪 30 年代，美国一个考古队曾经在伊拉克境内发现了一个蛋形的空心封口泥罐，泥罐表面画着牲畜，里面放着 48 颗泥丸。考古分析认为，这是一个计数的凭据，它表示泥罐的主人曾经有 48 头牲畜。我国的山顶洞人在骨管上打点，一个圆点表示 1，两个圆点表示 2……这些都是人类记录匹配计数结果的不同方式。无论用什么方式，虽然如此记下的还不是数学意义上的数，但把各种不同质的东西统一成与之等数的同质东西，即便这个东西还只是泥丸、细木枝等，但这个过程无疑就是一次抽象，由此人类迈出了形成抽象数概念的第一步。

在现代，许多民族都有屈指计数的方式。这种现象使人相信在用石子、树枝等计数的前后或同时（确切时间难以知道），人类还用过手指来计数。有人认为，现在罗马数字Ⅰ、Ⅱ、Ⅲ、Ⅳ就分别是 1—4 个手指的形象，Ⅴ是四指并拢拇指张开的形象。古代俄国把 1 叫作"手指头"，把 10 则称为"全部"，这些都是古代手指计数的证据。屈指计数不是简单的扳手指计数，因为手指只有 10 个，要计更多的数，计数的规则就得设计有手指的依次伸或屈。所以，手指计数使得人类对"数"的认识，不自觉地关注到了数的顺序，进而进一步体会到一个数后面的后续数，这是人类萌发算术运算的基础。为此，美国数学家丹齐克在其著作《数·科学的语言》一书中说："但凭匹配本身，是不足以创造一种计算方法的。若我们不能将事物排列成有顺序的次第，进步就是不大可能的。对应和序列，这两大原理已深深渗透进全部数学——不只是数学，实际是精密思想的全部领域——之中，交错编织在我们数系的锦绣天衣之上。"①

随着人类生产实践活动的发展，实物计数和屈指计数都到了必须再变革的时候了。在东方，实物计数中的细木枝转变成了算筹，以后又进一步转变

---

① 丹齐克. 数：科学的语言[M]. 苏仲湘，译. 上海：上海教育出版社，2000：7.

成了算盘。而屈指计数则朝两个方向发展，其一探求手指计数的更理想规则，地球上各个大陆的民族都有这方面的努力，力图利用手指乃至脚趾和身体上的其他器官，以便计更多的数。如我国就有一种手指计数法，可以最高算到10万。虽然，这其中也彰显了人类的诸多智慧，但它偏离了历史发展的主流方向，终究还是被淘汰了。屈指计数的另一个发展方向是手指计数和实物计数的结合，沿着这条路下去，会产生什么呢？

手指计数最大的问题是人仅有十指。当要匹配的东西大于十指，那就要动用多个人的手指，这终究也是麻烦的事。人类历史上一定有那么一次：某个人类的先祖在用完了自己全部手指后，突然意识到只要在旁边放上一块小石子或一条细木枝，就"解放"了自己的两只手，可以继续匹配计数了。这只是一次偶然的急中生智，但人类不断地把这种方式推向成熟，更为合理的计数方法也就形成了，这就是十进制的雏形，这也就是人类普遍使用十进制计数法的缘故——因为人有十个手指。

从实物计数到屈指计数，再到两种方式的结合，关于计数，人类已经有了高超的技巧，在此基础上需要赋予计数结果一个名称，因为没有名称就没有概念。人类最初是从等价集合类中选取了一个典型集合来表征数量的多少，这一事实在许多民族的语言中留下了痕迹。比如某集合中元素的个数和耳朵一样多，那么就称这个集合中元素的个数为"耳"，汉语中"二"的读音就出自于此；在藏语中，把"二"称为"翼"，因为鸟有两只翅膀。现在，英语中与数字2有关的词语有pair（双、对）、couple（双、对）、set（套、副）、twin（成对的）、brace（双、对），汉语中也有两个、两只、两件、两套、两条等说法，这些都是人类思维曾经极其原始的表现，说明那时人类关于数的概念总是和具体的事或物联系在一起的……在世代交替的实践过程中，人类终于从典型集合中抽象出了数的概念，这就是所谓集合的"基数"。对此，罗素感叹道：发现一对鸡、两昼夜都是2的实例，一定需要很长时期，其中所包含的抽象程度确实不易达到。人类就此形成了表示数的专门名称。

从三只、三个、三件到3，人类实现了伟大的抽象。但更大的挑战在等着人类，那就是数字符号的发明。从计数活动形成数，到创造数字符号，人类似乎用了更漫长的时间。考古研究发现，人类从语言到文字符号，至少用了三万年。而数字符号的发明要比文字符号的发明来得更晚。因此，要叙说数字符号的诞生是宏大的事情，限于篇幅，关于数字符号的发明，可以把握如下要点：

（1）数字符号的诞生意义重大。早期的人类和猿相比，在生理、心理、智力上只有量的差异，并无本质区别。著名美国人类学家 L.A. 怀特指出了人与猿的本质区别，他明确地说："一切人类行为都是在使用符号中产生的。正是符号把我们的猿类祖先转变成人，赋予他们人性。"① 因此，从这个意义上说人类的全部数学起源于数字符号的使用，并不为过。

（2）从象形符号起步。各个古代文明都有自己的一套计数符号，在起始阶段都可以看到象形的痕迹。为了避免用无穷多个符号表示所有的数，各个计数符号系统都大致包括了两个部分——以十进制为例，用一组符号表示 1，2，3，…，8，9；用另一组符号表示十进制基数的符号，比如在古中国是十、百、千；在古罗马是 X、C、M，等等。

（3）零符号的发明完善了位值原则。一般认为，中国是最早使用位置原则进行计数的国家，但没有零的符号，只用"空位"来表示，这样做容易引起混淆。

（4）印度－阿拉伯数字是伟大的发明。现在国际通用的阿拉伯数字：1，2，3，…，8，9 以及 0，应该叫印度数字或印度－阿拉伯数字。因为这项发明属于印度人，阿拉伯人只不过把这些数字传入了西方，欧洲人就把这些数字称为阿拉伯数字。没有这十个符号，算术的任何进步都几乎不可能。它如此简单，却又为一切计算提供了极大的方便，被我国著名数学史家钱宝琮称为"数学史上无与伦比的光辉业绩"。英国著名科学史家李约瑟更是高度赞誉道：如果没有这种十进制，就几乎不可能出现我们现在这个统一化的世界了。需要说明的是，中国是直到明末清初才开始使用印度－阿拉伯数字的。

有了概念，有了名称、符号，自然数真正地诞生了。

---

① 怀特. 文化的科学：人类与文明研究 [M]. 沈原，黄兢，黄玲伊，译. 济南：山东人民出版社，1988：22.

史料梳理

更为可贵的是确立历史意识

读自然数的起源史,你会深切地体会到"数是数出来的",你会发现创造数的名称和书写符号似乎比感知数量的存在更为艰辛,你还可能会醒悟十进制计数法和人有十个手指间的联系……不但如此,我们还可以窥见历史与数学史的本质。

"历史"一词,来自于日语,虽然这两个字本来就是汉字,而且在中国分开使用了至少3000年。"历史"一词的意思,在中国都包含在"史"字里。"史,记事者也,从又持中。中,正也"(许慎《说文解字》),即保持中正的态度用右手记事。甲骨文中,不仅有"史"字,而且还有"大史"、"御史"、"公史"、"西史"等词语,这说明同样都是记事,但有记事范围和职责设置的不同。可见,无论什么样的历史,都是人记录下来的。英国历史哲学家柯林伍德说,一切历史都是思想史。其意思是说,我们现在看到的历史,并非历史本身,而是经过历史记录者们选择和组织过的历史。所有的叙述都糅进了他们对历史事件的见解和判断——这就是史学的本质。

在数学知识萌芽时期,人类对于数的认识和体会懵懂初开,断然不会把数的起源划分为"实物计数—屈指计数—结合计数—数的名称与符号"等几个阶段。很显然,这些人类认识提升的阶段性是后人赋予的。在数学发展的过程中,各个阶段之间也不是泾渭分明,而是彼此交融——也就是说在"实物计数"阶段,实际上也已经有了"屈指计数"现象,而在"屈指计数"阶段,实际上还有"实物计数"的做法,大家现在所看到的数学发展的条理,也是后人赋予的。无论是阶段性还是条理性的赋予过程,都不可避免地呈现了这样的痕迹或特点:其一,研究者是带着"数的概念及符号"的现代认识去审视历史文献,才归纳出四个阶段,即数学史研究者往往是从现代数学体系出发,对符合现代数学体系的内容更为敏感,而对于其他内容可能会熟视无睹;其二,四个阶段描述了人类自发的计数活动如何一步步演变成现在的数概念，即研究者在整体上会把数学史整理成一个向着现代数学体系不断进步的历程，对于不在这个进步方向上的探索和思考，往往视之为停滞乃至倒退、歧途。对于有些数学史研究来说，有时相关的出土文物和历史文献实在有限，仅仅凭一块泥板、几片甲骨去复原数学是如何从这一步到那一步的工作犹如做碎片拼图，纯客观地复原几乎毫无可能，而不得不掺入合理的推测和想象成分。当然这些合理推理也不是研究者个人天马行空的臆想，是合乎数学发展总体规律、现代数学本身的逻辑等理性认识的。除此之外，据此进行研究的数学原始文献本身已经掺入了文献原作者的个人视角，比如，我们现在能看到的古巴比伦泥板、古埃及纸草书，都必然带着当初记录者的个人见解；欧几里得的《原本》表达的也是欧几里得本人对前人几何研究成果的选择与组织。上述所有情况即便都是无意的，但也足以说明数学史研究必定带有史学研究的某些特质。

不过我们不必惊恐，数学史研究的结论还是可靠的。一则，研究过程中掺入的主观推断是适度的，是学术研究所容许的；二则，数学史是数学和历史两个维度的交叉学科，对同样的出土文物和原始文献，不同的研究指导思想、不同的研究视野、不同的研究重点，可能会得出不同的研究结果，有些成果可能会稍有出入甚至相互矛盾，这是数学史研究的历史性一面。但不同的人、不同的研究所指向的数学是相同的，人类的数学只有一个数学，所以，不同的历史解读是对数学不同特性的解读，反而丰富了我们对数学的理解。这就是数学史这个学科的数学性一面。

鉴于数学史这样的学科特质，我们读数学史时不仅要寻找显性的数学史实，也要去捕捉隐性的数学思想方法、数学精神，更要去提炼促进数学进步的缘由背景、症结障碍和关键因素。但数学史不可能提供你要知道的所有历史细节，所以更为可贵的是要确立自觉的历史意识——对数学产生发展的本质有感悟，确立强烈的过程维度，相信现行数学中的每一个概念、每一个名称、每一个符号都是人类认识不断完善递进的结晶，换言之即相信现代数学中的每个点滴都有一段历史，都兼具过程和结果两个维度的属性。

以往听"乘法的初步认识"的课，多是老师直接告诉学生"相同加数的加法还可以用乘法来计算"，由此不免生出联想来：由"相同加数的加法"到"乘法"，难道人类的认识是某天突发奇想形成的？若不是，那其中经历了怎样的过程？可惜，现存的史料中没有这样细微的细节，但我们可以去科学地想象……

"我这算式叫2加9个"

教学内容：2013年苏教版教材二年级上册第20—21页。

教学目的：在具体情境中，认识相同加数的加法，并在此基础上，经历创造新算法的过程，体会和把握乘法和加法的关系，知道乘法各部分的名称，能正确读写乘法算式。

一、谈话引入

师：上课前，我们来做个游戏。老师给你一个普通的圆，你能联想到什么？

生1：我想到了皮球。

生2：还有饼干。

生3：太阳。

生4：月亮。

师：大家看，你们说了那么多，黑板上都写不下了。用什么词或符号表示大家还有很多想法？

生5：用"等等"表示。

生6：用点点点（……）表示。

生7：直接说"还有许多"。

师：由一个普通的圆产生这么多全新的想法，大家真会创造。老师估计小朋友们也会自己创造数学知识。从哪里开始创造呢？

【实时评析：经验是学习展开的基础。唤醒学生"如何用符号表示还有很

多"的经验，为从相同加数的加法向乘法的发展做好铺垫，让学生的创造更容易起步。】

二、交流对"相同加数的加法"的理解

出示主题情境图：3张电脑桌，每张桌子上放着2台电脑。

师：观察情境图，你读到了哪些数学信息？能提出什么数学问题？

生8：有3张桌子，每张桌子上有2台电脑。

生9：我提的问题是：一共有多少台电脑。

师：要解决"一共有多少台电脑"怎样列式？

生9：用2+2+2，等于6，一共有6台电脑。

师：真棒，不仅列了算式，还算出了结果。大家看"2+2+2"这条算式，和以前的算式"3+2+4"比比，有什么不同？

生10：以前的加法算式，加数是不同的，而"2+2+2"都是2在加。

师："2+2+2"的加法算式中，都是2在加。我们就说这是"相同加数的加法"（板书）。下面的算式中，你能找出相同加数的加法算式吗？（教师用课件出示：① 3+2+2；② 4+4+4；③ 2+2+2+2）

生11：第①条算式……（迟疑，不作声了。周围同学纷纷举手）

师：哎，大家不着急，等一等，给他思考的机会。

生11：第①条算式应该不是，它还有一个加数是3。

师：大家看，这不是说得挺好吗？大家鼓励鼓励他。（大家鼓掌）

生11：第②、第③条算式都是加法算式，加数也都一样。

师：这样的算式怎么称呼它？

生：（齐声）相同加数的加法算式。

师："2+2+2"是相同加数的加法，"4+4+4"也是相同加数的加法，这两条算式又有什么不同？

生12：一条算式里加数都是2，一条算式里加数都是4。

师：再来比一比，"2+2+2"和"2+2+2+2"又有什么不同？

生12："2+2+2"是有3个加数，3个加数都是2。"2+2+2+2"是有4个加数。

师：（故作疑惑状）哎，算式里都是2在加，哪里来的3和4呀？

生13：2加2再加2，数一数，就得到3了。

生14：老师，这是数出来的。"2+2+2+2"，1个、2个、3个、4个，所以，就是4个2相加。

师：真厉害，还看到了加数的个数！"2+2+2+2"叫"4个2相加"，那"2+2+2"呢？

生14：这是"3个2相加"。

师：到这会儿我们对"相同加数的加法"有了很好的理解。下面，自己写一道这样的加法算式，然后和你的同桌说说：你的算式是几个几相加。开始！

【实时评析：学习乘法的意义，认识"相同加数的加法"是前提。这里设置了多次比较的情境，让学生自己体会"相同的加数"、"相同加数的个数"等相关要素。】

三、激发学生再创造的欲望

师：大家看屏幕，刚才老师摆了3张电脑桌，现在呢？（课件出示：又增添了6张电脑桌，每张桌子上放2台电脑）你看图能解决什么数学问题吗？

生15：我知道，"现在一共有多少台电脑"。

师：这个问题能解决吗？你写出算式就可以了，计算结果可以不写。

学生写算式时，老师下去巡视，看孩子们写算式时用了什么辅助符号。

师：谁给汇报一下，现在的算式是怎么列的？

学生站出来汇报，随着学生的回答板书，但板书的速度跟不上学生的汇报。

师：慢慢说，老师写的都跟不上你说的。看看老师已经写了几个2，还要写几个2？（随着学生们的提醒，把9个2相加的算式写完整。）大家看，老师刚才写这个算式差点出问题了，写这个算式可真麻烦。你们有什么好办法吗？

学生没有反应。

师：老师问具体些。老师刚才注意到，你在写9个2相加的算式时，怎么一边写算式一边还念念有词啊？

生16：这个算式太长了，我一边数一边写，不数就不知道写了几个2。

师：这个经验很好，如果你早点告诉我，老师刚才就不出丑了。谢谢你！哪个同学还有写9个2相加的成功经验？

生17：还可以先写几个2相加，停下来数一数还缺几个2，再写。

师：这也是个好办法。老师刚才就是这么做的。

师：大家看，写9个2相加的算式都这样麻烦，那如果电脑教室里有20张、30张电脑桌，写20个、30个2相加的算式，那不更麻烦吗？看来我们有必要创造一种新写法，把9个2相加写得简便些。

【实时评析：改变不会无缘无故发生。抓住板书跟不上学生的回答、写好9个2相加有什么成功的经验等细节并放大，就是为了积蓄改变的动力。相同加数的加法算式写得越不顺，创造新的写法就越是学生自我的需求。新知识"是什么"很重要，所以，让学生深切体会相同加数的加法算式写得不顺，不是可有可无的安排。】

四、学生再创造

由于前面的教学激活了学生的有关经验，因此，一会儿过后，就有不同学生写出了新写法（见下图）。

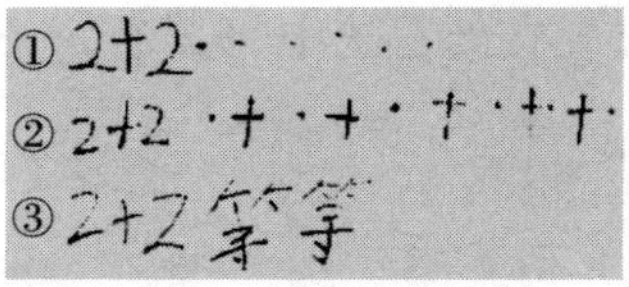

① 2+2……
② 2+2·+·+·+·+
③ 2+2等等

【实时评析：创造新知识，难的是迈开第一步。由此可见，课始安排2—3分钟唤醒学生"用符号表示还有很多"经验的价值。】

师：大家真了不起，这些新写法在数学书上可都找不到。但就像科学家们的创造一样，刚创造出来的新东西，往往有很多不完善的地方。我们小朋友们的创造也不例外。下面，把我们的新写法和原来9个2相加的算式比一比，看看还有哪些需要改进的地方。

生18：我发现了，写了省略号就不知道到底是几个2了。

生19："等等"，就是说还有几个2，现在不知道有几个2。

师：说得真好！也就是原先的写法虽然麻烦，但让人一看就很清楚，是9个2相加。现在的写法简单了，但没有把9个2相加的意思表示出来。我们能不能再创造一次？

生：（齐声）能！（见下页图）

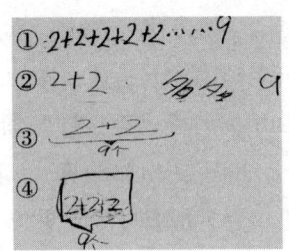

师：不用解释，现在各个写法大家都能明白是什么意思吧！把掌声送给自己。哎，新写法中能不能把"2"给改成"3"？能不能把"9"改成"20"？

生20：这不行。把"2"改成"3"，那就变成3在加，不是那个"2+2+2+2+2+2+2+2+2"了！

生21：也不能把"9"改成"20"，这是9个（重音）2相加，改成20，就成了20个2相加了。

师：孩子们，感谢你们！说得真到位。新的写法中既然2不能随便改，9也不能随便改。那新写法中最少写几个"9"、最少写几个"2"？表示"9个2相加"，是不是还有必要在新写法中写2个2、3个2？（呈现学生的几种写法，见下图）

生24: 2+9
生25: 2·9
生26: 2 9

师：有什么要交流的？

生25：我想问问生22，怎——么——写成2加9了？

生22：我这个不是"2加9"，我这个算式叫2加9个。

师：2加9个，什么意思？

生22：也就是加数都是2，一共有9个2。

师：这样一解释，就有道理了。把掌声送给生22。生23，你来说说你的想法。

生23：新的写法要写1个2，还要写1个9，不加个点，就成"29"了。

师：嗨，还真是如此。那生24隔开写，也是挺有道理的。大家真了不起,我们从怎样把"9个2相加的算式"写简单开始思考,得到了新的写法关键是什么?

生:要写出1个2,还要写出1个9。

【实时评析:由"相同加数的加法"到"乘法",一定有其过程。正是这种历史意识的支撑,教学才有新的可能。从"用省略号写相同加数的加法算式"到逐步压缩提炼出"简单写法的关键是写1个2和1个9",这个过程虽然是人为设计的,并没有史料的佐证,但不妨碍孩子们兴趣盎然,步步深入,准确把握写乘法算式的关键,以及乘法算式各部分的意义。乘法意义的教学,其价值不仅仅在于乘法意义、各部分名称、乘号等定论明确的结果,更在于从"相同加数的加法"到"乘法"的过程,正是这样的过程才浸润了认识如何提升、思考如何展开、交流如何深入等涉及素养层面的东西。】

师:对!想知道数学家们是如何写的吗?(用多媒体出示"你知道吗?由于相同加数的加法是特殊的加法,所以,300多年前,一位英国的数学家想到把'+'转过来变成'×',用'×'把'2'和'9'联系了起来,写成'2×9'或'9×2'",随之引入乘法、算式的读法以及各部分的名称,此处略)

【实时评析:一般情况下,学生的思维能把握住新写法的关键是写出相同加数和它的个数,不太可能直接创造出乘法的名称、乘号的写法等约定性数学知识。所以,让学生再创造,不是创造新知识中的所有内容,而是让学生重温数学思维提升的关键步子,接受数学思考的洗礼。鉴于此,直接用"你知道吗"的方式给予学生约定性数学知识,也是慎重思考的安排。】

提示解读

数学史的读透与读活

一个小学数学教师读数学史,不是为了教数学史,而是为了教数学。从这个意义上说,数学史之于数学教学来说,只是思维加工的材料。所以,读史是用史的基础。一个教师知道了一段数学史实，他设计的教学能有多大的创新性和发展性，取决于他有没有读透进而读活数学史。

明确读史目的，才能读透数学史。为了历史和为了教学，这是两种完全不同的价值取向。我们现在所看到的绝大多数数学史，立论之基都是为了历史，所以更关注史实的真伪，所研究的内容也更多的是数学发展史上重要的数学事件、杰出的数学人物。而为了教学的数学史研读，是为了站在历史的高度，厘清知识的来龙去脉、数学思想的演进走向，更好地把握所教数学知识的知性本质，以求得我们的数学教育能注入数学知性的深刻和数学思想的厚重。所以，为了教学的数学史研读，是立足于现实中的"人"而去关注历史中的"人"。要通过历史上不同数学事件的比较，提炼数学思想发展的规律，不断优化自己的数学观念；要透过某知识历史演进的脉络，提炼出人类认识逐步提升的顺序；要善于抓住历史的蛛丝马迹，立足于认识论的角度多些追问（如数的认识过程都是漫长的，但人类认识负数为什么比认识自然数和分数更为曲折和艰难？），以及透过历史上人类认识曾经走过的弯路、数学家们的挫折和困惑，提炼出人类认识某知识的障碍（这些挫折恰恰也是学生的认知难点）；要立足于"给孩子们正确的数学观念和良好的学习情感"的视角，捕捉有教育意义的历史人物和历史事件。总而言之，读史不能只满足于显性的史料，寻找"人类曾经有怎样的数学"；更要挖掘历史演进中的隐性脉络，思考"人类又是如何递进做数学的"。所以，要多琢磨历史中的"人"为什么要拓展认识，如何实现认知突围的，认识提升分成了几个阶段，遇到了什么障碍、走了什么弯路，其间又有什么有意义的事情……把这些梳理明白，才是"透"，这也就是读史的再创造。

讲究读史方法，才能读活数学史。数学史研究有多个范式，比如有立足于学科内部，侧重考察数学概念产生发展及数学理论体系构建的内史研究；也有从社会的政治、经济、文化等方面来考察数学发展，把握影响数学产生发展与社会各方面关系的外史研究。研究成果也有通史、国别史、区域史（对某一区域的数学发展情况进行统一考察形成的某区域数学史）、断代史（研究某一段历史时期的数学发展情况）、学科史（对某一个数学分支的产生发展情况进行研究）、思想史（不仅发掘事实，而且要追寻事实间的联系，以数学思想方法的产生、演变为线索进行总结整理）、人物传记和典籍整理（发掘和整理某一数学经典著作或某一个杰出数学家的成果著作）等多种形式。读活数学史，首先读的是各种版次、各种类别的数学史研究成果，不是原始的数学文献和出土文物。这是因为普通的数学教师既不可能占有这样的原始文献和出土文物，也没有这样的考证研究能力。其次，研读方法上要围绕同一个事件，研读不同版本不同类别的数学史著作，从不同的数学史著作中丰富此数学事件的内涵，特别要关注学科史、思想史、人物传记等，通过历史上典型个体的思维过程的细述，用多种资料相互考证和补充，从而大致勾勒出古人的数学思想方法和思维提升历程。最后，鉴于数学史不可能提供所有的细节和过程，通读数学史你可能捕捉到的只是多个片段，所以，读史的视野要宽于数学史，依据数学产生发展的总体规律、数学教育心理、数学学科内部的逻辑体系、学生的身心发展特点等理性认识，善于凭借历史碎片去进行"历史复原"，从而把握人类认知的提升经历了怎样的过程。比如，本文案例中乘法概念的建构就是这样的复原。这样的复原，对于数学史本身来说可能是没有意义的，但对于数学教育来说是富有启发的。"读活"的意思也就在于，为了教学的数学史研读，不仅仅是简单地寻找并拿来，还要基于多个历史碎片、基于多元理论（数学的、数学哲学的、心理学的）进行融会贯通。

需要补充说明的是，荷兰著名数学教育家弗赖登塔尔说：孩子应该重复人类的学习过程，但并非按照它的实际发生过程，而是假定人们在过去就知道更多的我们现在所知道的东西，那情况会怎么发生。因此在"乘法的初步认识"的教学中，重要的是引导学生体会到新写法需要写清楚相同加数和它的个数，而不是苛求学生独立地提出新的算法叫"乘法"以及创造出"乘号"，因为这几乎不可能，也没有更多的价值。也就是说，运用数学史重要的是符号化的过程，而不是要求学生创造符号本身。由此及彼，重要的是语言描述而不是语言本身，是定义化而不是定义本身，如此等等。

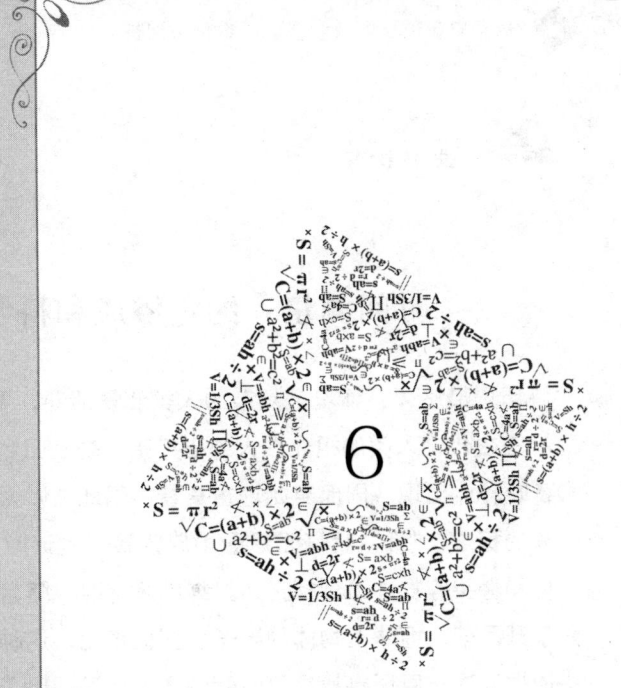

6

数学史的链接、再现与融入

——以"24 时记时法"为例

用史的出神入化，是各种方式的灵活兼用。有些方式看似简单，但在情境中对儿童的影响却是巨大的。

 史海钩沉

时间测量：约定俗成和科学定义并用

历史最悠久、情况最复杂的人类测量活动，要属对时间的测量。

在古代，人类的祖先白天外出打猎，晚上回到山洞里休息，他们发现白天和夜晚轮流出现、周而复始地重复着，因此，以太阳的升和落作为一天开始和结束的标志，"日"就毫无悬念地成为最早的计时单位。当时的人们，通过在木棍和骨头等物体上刻标记、打绳结来计时。随着时间推移，进而发现随着太阳东升西落，地球上物体的影子会变化移动，这种移动的过程也相对固定，于是便根据这一原理寻找计算时间的方法，设计出了计时工具——被通称为太阳钟，具体包括圭表和日晷等，这是人类最早掌握并使用的光影记时的方法。圭表由"圭"和"表"两个部件组成，通过"表"在"圭"上投影的长短，来测定季节、全年天数、四季日子、推算历法等；日晷通常由铜制的指针（晷针）和石制的圆盘（晷面）组成，类似于现代钟表上的表面和表针，晷面上刻画出12个大格，每个大格代表2个小时，计算精度准确到一天只差15分钟。公元前102年，我国正值西汉时期，汉武帝为了规范统一历法，明确规定采用十二时辰制度，就是把一昼夜均分成12个时间段，每个时间段分别用子、丑、寅、卯、辰、巳、午、未、申、酉、戌、亥这十二地支中的一个来表示，每天夜晚11时整到第二天凌晨1时整为子时，以此类推。这与日晷的计时方法相一致。而古埃及人却是把1个自然日分成了"24个小时"，白昼12小时，夜晚12小时，请注意：那个时候同样是1小时，白天和夜晚表示的时长并不一定相等。后来，天文学家们又把1个自然日均分成24小时，于是人们便开始采用从正午前后计量两个12小时的计时方法，而政府部门和军队则把0到24小时的计量体系作为规范一直沿用至今，亦即"12时记时法"和"24时记时法"。

太阳钟的缺陷在于，它无法在阴雨天和黑夜计量、计算时间。后来，人们发现，容器中水或沙子均匀地从一个小孔中流出和流逝的时间是密切相关的，由此受到启发，发明了漏刻进行计时。漏，是指漏壶；刻，是指刻

箭——标有时间刻度的标尺。漏刻计时的原理是通过水（或沙）慢慢地从小孔漏出，利用容器内水面的升降来计算时间。公元前三四千年的父系氏族公社时期，用水钟、沙漏等工具来计量时间就出现了。虽然目前还没有发现我国秦朝之前的漏刻实物，但历史文献显示，漏刻在秦朝已经十分普遍。为了稳定水位、提高计时精度，人类又从"单只泄水型漏壶"逐渐发展出了使用数只补给水壶的"多级漏壶"。最常用的漏刻是"一刻之漏"，即每漏完一壶水的时间为一刻，因此，"刻"即成为一个计时单位被保存了下来。大约在公元前11世纪我国的西周时期，人们把一昼夜均分为100刻，"漏以铜壶盛水，刻节，昼夜百刻"（许慎《说文解字》），一刻大约相当于现在的14.4分钟。公元117年，我国东汉的张衡制造了大型天文计时仪器——水运浑天仪，初步具备了机械计时器的作用。1088年，我国宋朝的苏颂发明了"水运仪象台"（水钟），集观测天象的浑仪、演示天象的浑象、计量时间的漏刻和报告时刻的机械装置于一体，是世界上第一架真正的机械计时器，然而，这离真正的机械钟表还差一步。

到了13世纪，随着科技的不断进步，西方的工匠发明了机械钟，它将昼夜正式分为24小时。1637年，伽利略发现了单摆的等时性，以单摆为守时基准的惠更斯摆钟在1656年诞生了，这是人类历史上第一架摆钟。20年后，惠更斯应用弹簧片的振动具有周期性的原理，又发明了用发条当动力的"小钟"，也就是怀表和手表。1928年，沃伦制造出了第一座石英钟，300年只差一秒。1949年，美国使用氨分子作为振源，制成了世界上首台原子钟。1967年10月，第十三届国际计量大会上，科学家们对"秒"做出了更为规范的规定：位于海平面上的铯-133原子基态的两个超精细能级间在零磁场中跃迁振荡9192631770个周期所持续的时间为一个原子时秒。这样的定义，使时间的天文学意义被现代物理的原子标准所取代，创造了前所未有的测量精度。这也是目前国际单位制中，7个基本单位里测量精度最高的单位。

比日短的时间单位都取决于日，从日开始计算小时，从小时开始计算分钟，如此等等，而对于长的时间间隔来说，仅仅用日就不方便了，于是在计算时间上又有了月、年、世纪等较大的单位。

自从用太阳支配了"日"的单位之后，就很自然地要用天体月球来作为另一个计时单位。旧石器时代早期，人们在栽种作物时发现，如果作物在一年的某一特定时候栽种，需要在12个月以后才能再次栽种，进而得出季节大约历时12个月完成一个循环，不同季节的循环称为"年"。但准确掌握月份仍然是项富有技巧的工作，人们迫切需要推算出年、月、日的长度和它们之间的关系，制定时间顺序的法则，即历法。

现在的公历（太阳历）是从埃及继承过来的，埃及一年里的大事是尼罗河的泛滥，平均每365日发生一次。公元前2781年前，埃及采用固定的365日为一年的"太阳历"，同时，保持了一年有12个月的传统。然而，太阳年并不是精确的365日，1回归年是365.24220日，相当于365日5时48分46秒，也就是说，每1个365日的埃及年落后于太阳约$\frac{1}{4}$日。

与此同时，罗马共和国采用的是阴阳历。公元前46年，罗马历落后太阳80日。当时的执政者儒略·恺撒参照埃及太阳历，于公元前45年实施"儒略历"，使历法同太阳相一致。因为恺撒的生日是在七月，所以儒略历规定，包含七月在内的单数月为大月，是31日；双数月为小月，是30日。这样一来，一年共366日，被称为"闰年"。平年的天数要比闰年少1天，按照当时罗马风俗，二月是处决人犯的月份，被看成不祥之月，于是就从二月中扣除1天，二月变成了29天。公元8年，罗马皇帝奥古斯都为了表示他与恺撒的功勋一样伟大，将自己出生的月份——八月定为大月31天，多出的那天也从二月里扣除，这样平年二月就只有28天了。而八月以后的大、小月全都反过来了，九月和十一月变成了30天，十月和十二月变成了31天。这也导致今天公历出现不规则的现象。

事实上，1回归年比1儒略年平均长11分14秒，这意味着在近400年里又要超过回归年3整天。1582年，教皇格里高利十三世把1582年10月5日改为10月15日，略去10日，使历法跟太阳相同，同时规定整百年份中可被400整除的年为闰年，其余为普通年（即平年），史称"格里历"，亦称"新历"，一直沿用到现在。

人类因太阳的升落把握了时间"日"，一方面为了更精确地计时提出了更小的时间单位，如时、分、秒乃至毫秒、微秒等，这些单位的意义基本都脱离了天文学意义，带有科学定义的性质。另一方面为了更方便地交流提出了更大的时间单位，如周、月、年乃至世纪、千年，这些单位的意义以天文星球运动为基础，带有约定俗成的性质。总之，时间单位的发展史，也是人类对于时间的属性不断认识、科学技术水平不断提高,单位定义不断精准、单位体系不断丰富的历史。

 史料梳理

"日"是人类把握时间的原点

虽然每个人、每件事都在时间里,但若追问什么是时间,恐怕一般人都说不清。黑格尔不就说:熟知的概念往往不是真知。那对这样的事物,数学是如何刻画和把握的呢?

其一,对时间进行恰当的分割。人类首先面临的问题是如何生存,而不是如何生活。因此,人类早期不可能有对长度、面积、质量等属性进行刻画的动机,从这个意义上说,人类对时间的测量可能是最早的。在混沌初开的人类文明初期,人类对时间的醒悟首先是发现了重复:太阳不断地升起和降落。其次是对连续的太阳升降进行了恰当的分割,把太阳的一次升起和一次降落合成了一个周期,以这样的周期去考察后续的时间流逝,同样有效没有任何矛盾。由此,人类就诞生了第一个时间概念:日。发现重复,进而从连绵不绝的时间流逝中分割出一个片段,这个不变的片段就成了量化的标准。测量,不就是用数学去量化世界吗?量化首先得建立量化的标准,因此,测量物体的长短,首先得寻找那合理的、不变的一小段长度;测量角的大小,首先得寻找那合理的、不变的一个小角;测量物体的大小,首先得寻找那合理的、不变的一个小图形……由此及彼,测量时间的流逝,无疑首先也得寻找那合理的、不变的一小段时间!所以,对连续的时间进行分割是极其重要的智慧觉醒,这也可以从时间的"时"在印欧语系中就有"分割"和"划分"的意思得到印证。就这样,"日"成了人类把握时间的原点。以此为基础,一方面由"白天—黑夜"到"朝—午—昏—夜",再到时辰、小时、分钟、秒;另一方面,同样运用"发现重复—合理分割"的办法,由月相的阴晴圆缺、

四季的春夏秋冬归纳出了月、季节、年等时间概念,人类由此完成了对时间的深度把握。

稍作联想,在国际单位制中,时间的基本单位是秒,不是日。组织儿童认识时间,也不是从日起步的。这个变化,恐怕和社会发展、科技进步有关。日,对于现代人来说,还是稍长了一些;儿童在日常生活中积累的经验,和日远了些;而且,对它作科学的定义,也不方便。我们又一次看到,知识的历史顺序不是儿童认知的顺序。

其二,构建了独特的计数法则。量化世界,不仅需要量化的单位,也需要计数的规则。时间里的计数,不仅底数多样:有12进制的(12时记时法,一年12个月),有24进制的(24时记时法),有7进制的(每周7天),有60进制的,等等;而且规则迥异,不似十进制计数法,可以不断地往大数(shǔ),一、十、百、千、万、亿……有头无尾,每一个数都给出了一个确定的表达。我们试想,如果计时也采取这样的办法,那会怎样?可以想象,计时的结果会越来越大,越往后数越大,越来越不利于交流与表达。因此,计时中的计数采用的是"重复计数"法,就是这几个数,循环往复,方便记忆,方便使用。虽然一个计时的结果并不对应着一个确定的结果,但不碍事,在具体的情境中没有影响大家准确把握计时的结果。

其三,直观表征了时间的流逝。通俗地说,时间是对事件发生长短和发生顺序的刻画,它一维不可逆、不停持续流动,看不见摸不着。对这样的对象进行计量,数学首先做的是设法把时间直观起来。无论是光影计时、漏刻计时还是机械计时,人类巧妙地把时间依托在均匀的物体运动中,从而把握了时间的变化。光影计时,依托的是宇宙星球的运动;漏刻计时,依托的是水或流沙的均衡滴漏;机械计时,依托的是机械装置的等时振动。现在,我们给时间下定义,也和物质运动联系在一起。从这个意义上说,对一个物体的度量,以把握这个对象的本质为前提,设计的相关规则、测量工具都与此对象的本质相吻合。大家是否注意到这样的现象,几乎所有的钟表面都设计成圆形,即使有些钟表面1—12的数摆成了其他形状,但其时针、分针的运动轨迹还是圆。为什么如此?就是因为圆具有旋转不变形的特点。因此只要一个周期内时针、分针均匀转动的时间确定了,那么无论增加转动多少圈,指针都能一直对着那个数,确保了计时的方便。

教学探索

"时针一天要转两圈的"

教学内容：2014年苏教版教材三年级下册第51—52页。

教学目标：引导学生将各种经验系统化，形成较明确的"日"的时间感受。结合生活情境了解24时记时法，会用24时记时法正确表示一天中的某一个时刻，能正确地进行普通记时法（12时记时法）和24时记时法之间的换算，引导学生感受人类探索时间知识的历史进程。

一、课前谈话：交流熟悉，观看小品《不差钱》的片段

二、造"时间尺"

师：小品里，小沈阳说"眼一睁眼一闭一天就过去了"，这里的"眼一睁"和"眼一闭"分别说的是什么时候？

生：眼一睁天亮了，是白天；眼一闭是晚上。

师：白天与夜晚的自然现象和我们居住的地球的运动有关。请大家看大屏幕：地球在围绕太阳旋转的同时，也在不停地自转。被太阳照到的时候就是白天，照不到的时候就是夜晚。早在好几千年前，人类的祖先就发现了白天和夜晚周而复始地重复着，因此把一个白天和一个夜晚合在一起称为一天。但那个时候，只用"日"和"夜"来表示时间，你觉得能说清楚确切时间吗？

生：说不清楚。

师：因此，人们想了很多法子来测量时间。比如说用日晷来测太阳下物体的影子来定时间。那没有太阳的日子里怎么办？所以又发明了水钟、滴漏，直至钟表（课件中出示相应的图片）。有了钟表，测量时间就精确多了，所以，现在人们问一天有多少时间，你肯定说——

生：（异口同声地）24个小时。

【实时评析：教学开门见山从"日"入手，源自人类关于时间的认识从

"日"开始的史实,对计时工具的发展历程揭示得简洁精练,利于课始尽快切入本课的主题。】

师:对。虽然地球自转的速度和角度都有变化,但长期看,地球自转一周的时间大约是 23 小时 56 分。为了方便,大家约定一天有 24 小时。

师:哎,我们已经认识过钟表了,都知道一般钟表面上都有 12 个数。这两者间不是矛盾了吗?

生:老师,不矛盾,钟表上的时针 1 天转两圈的。(教师随学生回答,板书:转两圈)

师:要知道一段时间有多长,我们用钟表来计时。但说起"有多长"的测量,很容易使我们想起尺——子。今天我们也来造一把这样的"时间尺"——把一天时针转的两圈刻度分别取下,拉直,就得到了两把短尺。(见下图)

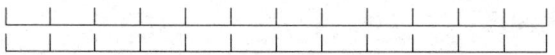

师:既然说是尺,就得有刻度。这里在最后的刻度线上标 12(课件分别显示刻度 12),大家都没有不同意见。那起点处呢?

生 1:标上 0。

生 2:钟表上没有 0,最小的刻度是 1,所以标上 1。

师:哈哈,钟表上最小的数是 1,起点处就标上 1,那就上当了。看看我们的学生尺(举起学生铅笔套里的学生尺)就明白了。

生:起点处应该标上 0,不是 1。(教师随学生回答,在两把尺的起点处标上 0)

师:大家闭眼想象一下,如果把已经标上刻度 0—12 的尺子还原到钟表上的话(把一根纸尺弯曲成圆),你发现了什么?

生:刻度 12 的地方也是刻度 0。

师:嗯,很好。不是钟表上没有刻度 0,而是和刻度 12 重合在一起了。要表示一天的时间,两把短尺必须变成一把尺子(课件演示,两把短尺合在一起)。你又能发现什么?

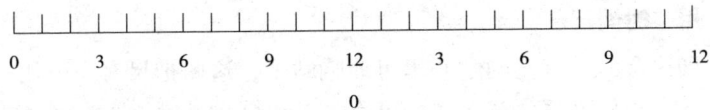

生3：长尺上中间的12也是0。

生4：第一圈结束的时候也就是第二圈开始的时候。

【实时评析：对于"为什么钟面上没有0"这些类似的为什么，无须多解释，把过程展示出来便是完美的解答。】

师：那难道长尺只能像屏幕上那样标刻度吗？（停顿）比如，能不能像学生尺那样标刻度呢？（边说边拿起学生尺）

生：可以的。（学生们跃跃欲试）

师：慢，我们想清楚后再动手。和已经标好刻度的长尺比一比，新的标法中哪些刻度是不变的？哪些刻度是变化的？会怎么变？

生：第一圈的刻度可以不变，第二圈的刻度要重新标。

师：好，怎么个重新标法？

生：就是从12开始接下去标。

师：好，动动手。

学生在练习纸（见下图）上标刻度。完毕后抓住原来第二圈的刻度3、6、9、12进行交流，并抓住"同样是刻度12后面的第三个刻度，为什么一个标刻度3，另一个标刻度15"进行讨论，最后，分别赋予"12时尺"和"24时尺"的名称。

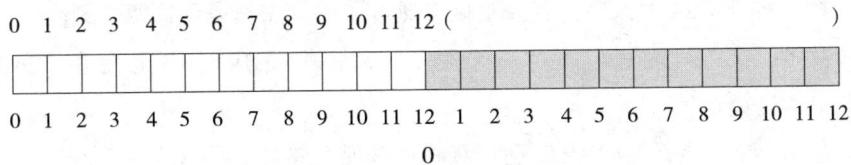

【实时评析：数学史告诉我们，人类对于时间的把握是从直观表征时间开始的，因此，造"时间尺"一方面源自儿童测量长度的经验，另一方面也是从儿童视角直观表征时间的需要。】

三、用"时间尺"

师：到这会儿，有些同学心里可能嘀咕了，这两把尺有——用——吗？呵呵，不急，我们来看屏幕（课件出示：一个钟面显示7点，并配上"吃早饭"和"新闻联播片头"的画面）。为什么都是7点，老师有可能在吃早饭，也有可能在看新闻联播呢？

生：因为一天有两个7点，一个是早上的7点，另一个是晚上的7点。

师：（赞许地）你的回答很棒，说清楚了虽然钟面上时针都指着7，但实际上是指两个完全不同的时刻。那钟面把它们分清楚了吗？

生：（异口同声）没有。

师：好，时间尺可以派上用场了。在两把尺上，分别找找这两个时间的刻度，再联系平时生活中的说法，想想这两个时刻是怎么表示的？

生：可以说成"早上7时"和"晚上7时"。（在黑板"12时尺"上指明这两个刻度）

师：嗯，加了表示时间段的词。不过为什么要加词呢？（板书：加词）

生：都是7时，不加词就分不清楚了。

师：对，在"12时尺"上我们可以很清楚地看到，这是两个不同的时刻（指着这两个刻度），但都用了"7时"来表示，不加词还真不行！实际上，这个方法大家不陌生，我们在日常生活中都这么用。不过，平时用的时候往往省略了这个词。比如妈妈问你几点了，你肯定就说10时了，不会说是上午10时。因为在问话的时候，大家都知道是上午，所以就省了，但规范地使用这个方法，可不能省略表示时间段的词。

师：那在"24时尺"上找到这两个刻度了吗？怎么表示这两个刻度？

生5：在"24时尺"上，一个是7时，一个是19时。（上台在"24时尺"上边说边指）

生6：哦，怪不得叫19时啊！我看见电视上就是这样标的。

师：哎，在"24时尺"上为什么不用加词了？（板书：不加词）

生5：一个是7时，另一个是19时，就不用加词了。

师：哈哈，你的言下之意是：用数目本身来表示时间，不混淆了，自然就不用加词了，这不是明摆着的事情嘛！

生5：嗯，是的。

师：回顾一下，有两把尺，我们就有了两种记录时间的方法。"12时尺"记录时间的方法我们不妨就称为"12时记时法"，也可以叫作"普通记时法"，那"24时尺"记录时间的方法——

生：叫"24时记时法"。（教师分别板书两种记时法的名称）

师：下面来个小练习。先在"12时尺"上找出下面这些时刻的刻度；再在"24时尺"上找出相对应的刻度，然后填一填用"24时记时法"怎么表示这些时刻；全部填完后，思考怎样把"12时记时法"的时刻改成"24时记时法"的时刻。

凌晨 2 时————————（　　　）
上午 9 时————————（　　　）
下午 5 时————————（　　　）
深夜 11 时———————（　　　）

练习完毕后，进行交流和总结，并完成跟进的练习。

1. 用 24 时记时法表示下面的时刻。

2.

3.

【实时评析：用时间尺的过程，就是创设情境让学生充分利用生活经验探索24时记时法表示办法的过程，就是自我沟通两种记时法的过程。正因为有了时间尺直观形象的支撑，这个过程也是学生自我建构新知的过程。】

四、弃"时间尺"

师：我们是从认识1天开始今天学习的，让我们回到这个话题上来。"12时尺"和"24时尺"都可以用来表示1天，每天是从什么时候开始，什么时候结束？

生：从0时开始，到24时结束。

师：那0时我们在做什么？

生：应该在睡觉。

师：绝大多数同学可能没有"0时"的印象，让春晚的0点钟声帮助你勾起那么一点印象吧。（课件播放"春晚0点倒计时"视频）

师：如果把黑板上"24时尺"缩短些用来表示今天的时间（边说边在黑板上画出一条线段），那怎么表示"昨天"和"明天"呢？谁能到黑板上画一画？

一个学生在已画线段的两端分别加画了一条线段。

师：那看连在一起的三条线段，你又发现了什么？

生：昨天的24时也就是今天的0时，今天的24时也就是明天的0时。

师：对，就像一天中时针转的两圈，第一圈的结束之际也就是第二圈的开始之时那样，时间就是这样连续在一起的。哪位同学能在表示"昨天、今天、明天"的线段中，接着表示出后天、大后天吗？

学生在"明天"的线段上接上表示后天、大后天的线段。

师：那大——大后天呢？能一直这样画下去吗？

生：不能。时间是可以一直有的。

师：同学们，通过刚才的画，大家能体验到"时间尺"虽然很形象，让我们看清楚了两种记时法的道理，但如果真的用它来测量时间的话，那会是很麻烦的事情。历史上，我们的祖先曾经走过那一段路。大家看，古代有一种刻漏，它主要由几个铜水壶组成，又叫"漏壶"（见右图）。除了最底下的那个，每个壶的底部都有一个小眼。水从最高的壶里，经过下面的各个壶滴到最低的壶里，滴

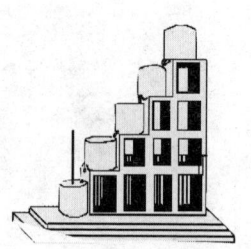

得又细又均匀。最低的壶里有一个铜人,手里捧着一支能够浮动的木箭,壶里水多了,木箭浮起来,根据它上面的刻度,就可以知道时间。但想想,这个木箭能无限制地浮起来吗?对,到了一定的时间,就需要把最下面铜壶里的水倒回最上面的铜壶,周而复始地再进行计时。

由此,我们理解了祖先发明的机械钟表,时针固定后周而复始地旋转(课件出示各种各样时针旋转着的钟表),计量时间很方便。

师:很多时候,我们看到的钟表都是这个样子的,无意中就觉得一定是这样的。地球自转一周约24小时,那是一定的。那钟表转一圈是12个小时也是一定的吗?或者说,钟面上只能显示12时记时法的时刻吗?

生:(犹豫地)钟面上标上1—24的数,就可以直接看24时记时法的时刻了。

师:有了新的想法,就会创造出与众不同的钟表。大家看屏幕上出示的手表新品(见下图)。真是应了这句话:不怕做不到,就怕想不到。敢于提出新的想法,理应得到大家的赞赏,把掌声送给他!

师:今天我们借助时间尺,了解和掌握了两种记时法,大家可以进一步关注生活中两种记时法的运用。下课。

【实时评析:史料的链接,忌仅仅呈现史料,而不用来促进学生理解所学。铜壶滴漏中的木箭,不就是一把时间尺吗?就如课中的使用,直观形象,方便实用。而且史料表明,从一级铜壶滴漏到多级铜壶滴漏,曾经是人类引以为豪的一个创造,它保证了滴水的均匀稳定,从而极大地提高了计时的准确性。但为什么历史最终淘汰了漏刻?把其中的道理简明地分析一番,无疑大大提高了史料的价值。教学并不仅仅止步于此,进一步引导学生去"胡思乱想",注入"敢于思考"的品质,让孩子们体会到"不怕做不到,只怕想不到",平淡的"24时记时法"也就展示了新的价值。】

数学史的遴选与使用

在备"24时记时法"一课的时候,在电脑里输入"时间"一词,百度一下,料想不到会有几千万个网页之多。有史料的介绍,有哲学的论述,有文学的抒情,有艺术的表现,更有生活常识的提示——有时候备课很难,不是因为资料太少,而是因为资料太多。因此,用"24时记时法"的案例来说明如何遴选和使用数学史,是个恰当的视角。

就"24时记时法"的教学来说,读了人类把握时间的史料,可以更自觉地把握有关知识的相互关系、脉络核心,因而也就有了把记时法回归到"日"这个时间系统中去的做法;还可以更鲜明地体现人类建构此知识的关键所在,因而也就有了设法把时间直观表征出来的创意。这些影响,没有直接、具体地使用数学史。在这样的基础上,课中准备呈现哪些具体史料,可能和一个教师准备把课上成什么样的憧憬密切相关。从一般意义上,对数学史料的遴选要看是否符合"两个有利于"(有利于更好地激发学习动机,有利于更好地进行数学思考)。如果不合适,那就拿来对它进行教学法的加工。所以,就备课来说,可以遵循下面的模型:

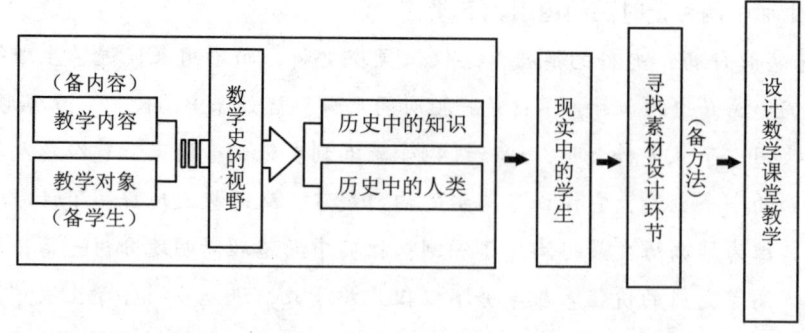

这个模型表明,只要进行教学设计,就需要"备内容"、"备学生"、"备

方法"。只不过首先是要结合数学史去思考这些问题；然后再结合学生的现实寻找恰当的素材、设计合理的教学进程承载历史的精华，这也就是"再备学生"和"再备方法"。需要补充说明的是，为了说明的清楚和方便，上述架构中的"三备"是线性的，而事实上很难分清先后次序，往往是交融往返思考这些问题。从数学史料到使用数学史料进行课堂教学，是基于对数学史一系列思考的结晶。

课堂用数学史，实际上很多教师都有这样的实践。目前，很多数学老师在上研究课或示范课时，会在教学时插入一些与教学内容相关的数学家的图片、讲述与之相关的逸闻趣事、介绍有关的数学史料。像这样运用数学史的方法我们称为链接式，其内在意义是指数学史没有影响教师的教学设计，只不过在原有的教学设计以外再接了一个"超链接"。本课例中，多级漏刻图片的呈现就是史料的链接式。链接式的使用，虽然是数学史使用的较低层次，但我们不能忽视它的价值。网络上流传有我国著名数学家陈景润的故事，讲他高中时很快解决了老师提出的"韩信点兵"问题，并在黑板上写出了精彩解法。沈元老师高兴之际鼓励他道：你能独立解答"韩信点兵"，不要停止思考，你能创造更大的奇迹，比如解决"哥德巴赫猜想"。于是，沈老师就讲起了"哥德巴赫猜想"的故事。故事给陈景润留下了深刻的印象，"哥德巴赫猜想"像磁石一般吸引着陈景润。我们无从考察故事有多少真实性，但它也肯定不是空穴来风，所谓"说者无意听者有心"就是指这种情况。在求知欲旺盛的儿童面前多讲讲数学家的故事，在他们的心灵里播下数学的种子，应该说是有百利而无一害的事情。

在链接式的基础上，还可以在设计教学时，收集相关内容在历史上曾经留有什么经典名题、有过什么数学故事，还有什么相关的数学结论或多样的数学方法，在课堂中再现类似的情境，让学生像历史上数学家们那样去独立思考探索知识。这种方式被称为再现式。例如，学习了三角形的面积计算后，再出示《九章算术》中记载的"半广以乘正从"的方法（见右图），先请学生看懂这是怎样的方法，思考它为什么也能用来计算三角形的面积，和我们自己的推导方法有什么相同之处，由此加深学生对三角形面积计算推导过程的理解。

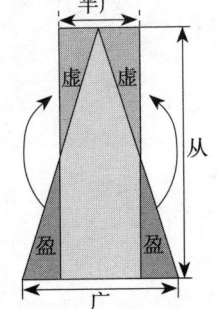

数学史使用的最高层次当属融入式，即在课堂中重构人类认识的发生、发展过程，教学推进看似没有有形的数学史使用，却有机地融入历史上人类认识产生飞跃的关键进程，如本书中"乘法的初步认识"、"认识负数"、"用字母表示数"等案例。融入式的数学史使用，使数学史成为教学推进的内在依托、厚实背景，需要教者站在历史的高度，厘清数学知识的来龙去脉、数学思想的演进走向，把握住所教内容的知性本质，然后设计情境引导学生经历知识产生、发展的过程，在人类认识提升的关键节点上给予学生充分的时间和空间，让他们运用已有的知识、经验、方法去思考、探索、交流，从而生成深度的数学理解，提升数学素养。

数学史运用的三种方式虽然在层次上有区别，但相互间并不对立互斥，它们既可以独立用，也可以在一节课中综合运用。特别需要提请注意的是，数学史的三种使用方式各具价值，链接式和再现式使用的难度并不大，但对学生的数学学习同样颇具意义。很多老师说，数学史看上去很美，做起来很难。其实，如果你能动起来，你就能体会到原先设想的很多问题其实并不是问题。

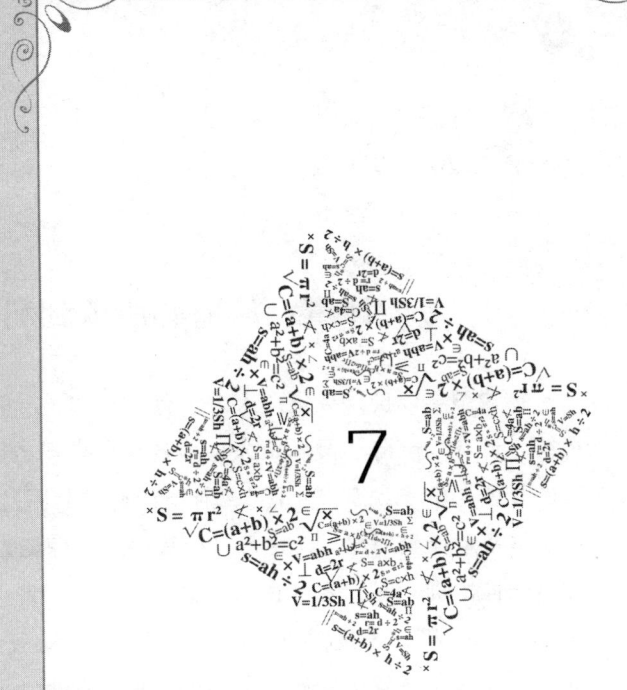

课堂中的历史只能是经典的那几步

——以"认识厘米"为例

数学的历史已经无法选择,但哪些史料进入课堂必须要经过选择。宏大的历史欲呈现在有特定时空限制的课堂里,只能再现历史的经典时刻与关键节点。

史海钩沉

计量：从随心所欲到科学规范

据说很早以前，英国商人因没有统一的"尺子"，在市场交易中经常发生纠纷。一次，一胖一瘦两位大臣，各自用自己的腰围作为标准，测量同一块布的长度。瘦子说有"十围"，胖子说有"七围"。于是两人争执不下，便闹到了皇帝查理曼那里，让皇帝进行裁决。查理曼大帝也束手无策，又气又急，便腿一伸、脚一蹬，晕了过去。这时有一个"聪明"的大臣以为皇帝伸出脚来作为"尺子"，于是便急急忙忙地用皇帝的脚长作为"尺子"来量取这块布的长度。当皇帝醒来后得知侍臣们用他的脚作为"尺子"来量取长度，并平息了一场风波后，于是便正式宣布用他的一只脚的长度作为一"英尺"，所以至今英语中"英尺"与脚（足）仍然使用同一个单词"foot"。

"英尺"由来的故事，用现在的网络语言概括，可以说就是个奇葩。而实际上，计量单位的源头差不多都有着类似的有趣故事。计量，是20世纪50年代出现的现代词汇，古人称之为"度量衡"。所谓度量衡，早期的《辞源》中是这样说的，"测量长短之器曰度，测量大小之器曰量，测量轻重之器曰衡"。因此，度量衡也就是分别指物体长度、体积（容积）、重量的计量。

在我国的夏朝，距今4000多年前，国王大禹将自己的身高定为一丈，于是我国就有了有记载的最早的计量单位——丈。一丈的十分之一为一尺，一尺的十分之一为一寸。"男子汉大丈夫"也由此而来。《孔子家语》中说"布指知寸，布手知尺，舒肘知寻"，其中的"寸"、"尺"、"寻"都是长度单位。在我国小篆字体中，尺、寸、掬等字都保留着这样的象形色彩。

用人体来定长度，世界各地皆有相关记载，古希腊哲学家普罗塔戈尔就有句名言："人是万物的度量衡。"公元前4000年，古埃及的法老以他的肘拐至中指尖的距离为长度单位，叫"腕尺"。胡夫金字塔高300腕尺，约合今天的147米。本文伊始的故事，也说明了现在的英尺(foot)开始就是用人体的脚作为计量单位的。英寸 (inch)，最初也来源于人体部位。在荷兰语中，inch 的本意是大拇指，一英寸就是一节大拇指的长度。当然人的大拇指的长度也是长短不一的。英语中码 (yard) 的产生则与 9 世纪英国的亨利一世有关，他宣布以他的手臂平伸时，中指的指尖到鼻尖的距离为 1 码，相当于今天的 0.9144 米。

长度单位如此，容量或重量单位亦如此。汉语中的"一口饭"、"一把米"、"一捧饭"等都是用身体部位作为容积单位的。就连现在使用的"斤"、"两"等重量单位也是由人体部位开始的。

为了解决生活中的实际问题应运而生的计量单位，在一定的时间和范围内方便了人们的生活和生产。但以人体为法的度量衡终究太粗疏和原始，因此，度量衡的标准逐渐过渡到人体之外的自然物。一条平直的树枝、一件日常的器皿，都曾经是这样的替代物。这之后，又发展到了制作专用标准器的时期。在我国西汉末年，王莽把持朝政，征集通晓天文、数学、乐律学的学者，创造性地提出了以黄钟律管作为度量衡的标准："度者，……本起（于）黄钟之长"、"量者，……本起（于）黄钟之龠"、"权者，本起（于）黄钟之重"。吹奏黄钟乐音短笛的长度，便是度；吹奏黄钟乐音短笛的容积，便是量；吹奏黄钟乐音短笛容下谷物的重量，便是衡。一件乐器怎么和度量衡标准联系在一起呢？这是因为黄钟乐器发声的声波高低是固定的，而声波高低又与律管的长短密切相关，由此用黄钟定为度量衡的标准也就不足为奇了。这种利用自然界物理规律来确定度量衡单位的基准，与当今"米"定义的原理是一致的。

随着时间的推移，人们活动范围日益扩大，物物交换活动愈加频繁，原先自成一统的计量规定就遭遇了标准不统一的尴尬，度量衡的统一也就越来越凸显其必然性。公元前 221 年，秦国统一了中国，因此有机会在全国强制推进统一的度量衡。其一，颁布命令。"权制独断于君则威"，即度量衡统一之权在中央。其二，确定标准。出土的铜方升、高奴石有力地证明，在度量衡的统一过程中，首先统一的是测量的单位，通过具体器物约定了多少为"升"、多重为"斤"。其三，制造标准器。即按标准制作度量衡的器具，发至全国各地使用。其四，定期检定。在各地使用的度量衡器具，要定时由官府进行校正，同时规定了度量衡器具使用过程中允许的误差。不得不说，秦始皇将商鞅所做的度量衡在全中国进行统一的顶层设计，极具智慧。这之后2000多年封建社会度量衡的制度都可以从这里找到痕迹，可见其影响的深远。

1790年，法国在大革命后成立专门委员会，制定新的计量单位，制作了米原器。1875年，法国国民议会邀请了美国、俄国、德国等20个国家的代表签订了《米制公约》，统一了长度单位"米"和质量单位"千克"的定义。会议还制作了基准米尺发给各成员国作为备用长度单位，并要求定期赴巴黎和米原器进行比较，这和商鞅的做法别无两样。随着科学技术的发展，对"米"的定义也更为精细。1983年，国际计量大会决定用光速来定义米：一米等于光在真空中299792458分之一秒的时间里所传播的距离。为了进一步统一计量单位，消除多种单位制并存的现象，1960年，第十一届国际计量大会通过了建立国际单位制的决议，确立了七个基本单位，具体如下：长度单位——米，质量单位——千克，时间单位——秒，电流单位——安培，热力学温度单位——开尔文，发光强度单位——坎德拉，物质量单位——摩尔。后来，又补充了两个辅助单位：平面角（弧度），立体角（球面度），规定了四十三个导出单位。这样就形成了完整的国际单位制体系，涵盖了人类所有的生产、生活和科学领域。

重要的是单位及其统一

计量史中有太多类似于"英尺"的故事，这些故事无疑可以作为"甜点"呈现在课堂里，让学生体会：原来数学的源头这样有趣！但这样的故事如果多了，也就降低了史料的价值，因为这些随心所欲的单位指定中，有太多非数学的东西。所以，教师更需要总览计量史，把握计量发展的历史演进脉络。梳理历史，人类的计量发展大致可以划分为如下几个历史时期。

直观感知：虽然没有史料记载，但我们可以推知，人类进行度、量、衡最初的阶段，应该是直观观察，用眼睛看、用手掂就能解决的事情，人类的先祖绝不会去费力创造一个工具或标准去进行比较。

人体为法：人类为了生存，在简单、朴素的原始交往、贸易中，需要在一定范围里商定某特定的物体作为度量衡的标准，于是，自然而然就诞生了最早的计量单位。使用单位的更多的是基层劳动人民，所以单位的约定不宜复杂，必须亲民，随手可用。这些也就不难理解很多单位的雏形都出自我们人类身体，很多人体器官便成了计量的标准或工具。

假借器物：由主观的人体器官作为计量的标准或工具，转移到一定范围内大家普遍使用的劳动工具或生活器皿作为计量的标准或工具。比如，斤（斤）是砍石头用的斧子，人们常以它的重量和其他物品做比较，"斤"也就成了一个权衡物体重量的单位量。

制作专用器物：西汉王莽把持朝政，以黄钟律管作为度量衡的标准；秦统一中国后，也颁布过铜方升等统一的度量衡标准器。虽然度量衡的标准有了比较客观的确定意义，但还不够科学和恒定。

约定科学定义：以科学技术的进步为基础，在国际范围里约定各个基本单位的定义，形成国际单位制。

上述历史阶段，可以看到人类的计量史，本质就是人类不断科学定义标准单位的历史，是计量工具（器物）不断标准化的历史，是计量单位统一的范围不断扩大的历史。从数学的角度去品读商鞅的做法，可以发现后面三点都扣着"标准"。对于开展计量活动来说，单位是计量的核心，工具不过是标准单位的物化与聚集。聚集，是为了便于计数含有单位的多少。毕达哥拉斯说，一切事物的质必然是特殊的、短暂的，只有数（shù）才是无所不包、无始无终的。而要用数（shù）去刻画物体的长度、大小、轻重等属性，必须首先创造数（shǔ）的单位，这不同的单位都是最小计数单位"个"在物体不同属性方面的具体表现形式。有了不同的"个（单位）"，也就有了量化世界的可能。有了单位，所谓的计"量"和计"数"已无本质的区别。

"5根要比3根长"

教学内容：2013年苏教版教材二年级上册第61—63页。

教学目的：通过观察、测量，使学生体会统一长度单位的必要性。认识长度单位——厘米，初步建立1厘米的长度观念。会用计量单位厘米测量较小物体的长度，同时培养学生的估测意识。

一、体验多样的测量方法

1. 交流先学作业

用眼睛观察下面的两条线段哪条长？你能用多种方法验证你的观察结果吗？比比谁的方法多，课上一起来交流！

展示学生各种各样的方法。（这两条线段的实际长度分别为：水平方向的9厘米，竖直方向的8厘米）

【实时评析：人类最初用眼睛论件估堆，目测长短、多少、大小、远近，只不过在观察得不到正确结果时，才被逼迫着去创造新的办法。因而，教学从观察开始，正是这一历史时刻的反映。不容易确定长短的情境，也逼迫着学生创造自己的方法去解决问题。】

2. 介绍历史上出现的方法

师：请看古人是如何测量长度的？（视频播放：古人用腰围、脚、手指、小麦测量长度）

师：看了古人的测量方法，有什么感想？

生1：古人很聪明，想到了那么多测量长度的方法。

生2：我们也很聪明，方法也很多。

生3：方法多虽然好，但也给人们造成了麻烦，人们还容易发生争吵。

二、体会标准统一的必要性

师：是呀，为了便于交流，有些古人就用小树枝做成小棒（课件出示）量比较短的物体。比如要量这根兽骨的长度，他们就用同样长的小棒，一根一根地搭上去，看这根兽骨有几根小棒长？（课件演示）

生：6根。

师：孩子们，会用小棒来量吗？课前，我请两位同学用小棒分别量了两条线段，女生量的是3根小棒长，男生量的是5根小棒长，你能判断谁量的线段长吗？

生：5根要比3根长。

师：比较数的大小，太简单了，5根小棒的当然长一些啰！真的是这样吗？请看——（课件出示）有什么想法？

生：量的小棒不一样长，所以男生量的比女生量的线段短。

师：看来要比较线段的长短，并且仍然用小棒来量，用的小棒长度要怎么样？

生：一样长。

师：是呀，标准统一很重要！（板书：统一标准）人们规定了三种测量长度的小棒：（出示1米长的小棒）这种小棒用来测量比较长的物体的长度；（出示1分米长的小棒）这种小棒可以测量不是很长的物体长度；要是量很短的物体的长度，就用这种小棒来量（出示1厘米长的小棒）。感觉怎么样？

生：太短了，就一点点。

师：是呀，放在投影上看一看。现在看清楚了吧？

师：今天这节课，我们就一起来研究以这种小棒的长度为测量标准的知识。知道这根小棒的长度吗？

生：1厘米。

师：没错，这根小棒就是1厘米长。孩子们，厘米是一个长度单位，今天我们就来认识厘米。（板书：1厘米　长度单位　认识厘米）

【实时评析：课堂中再现历史，重要是经历历史的经典时刻，单位统一的

必要性就是这样的时刻。】

三、建构1厘米的长度观念

1. 看一看

师：1厘米长的小棒，大家都觉得太短了，远看不过瘾，那就自己从信封里拿一根（用牙签加工而成）出来仔细瞧瞧。

师：1厘米好短啊，怎样才能记住1厘米的长度呢？想个好办法吧。

2. 比画

师：老师有个办法，可以边做游戏边记住1厘米。跟老师一起来比画。孔雀来了，张开小嘴——1厘米。张开了就不要动，要知道张开的小嘴是不是1厘米，我们只要把刚才的小棒轻轻地塞进去，如果正好，就说明你比画得很准；要是差了一点点也没关系，赶快调整。再把小棒拿出来，看大拇指和食指之间的长度就是1厘米。记住了吗？

师：好玩吧，再来一次，孔雀来了，张开小嘴——1厘米，给同桌看看是不是1厘米。我们再来玩一次，孔雀来了，张开小嘴——1厘米。多看一会儿，记住1厘米的长度。

3. 留印象

师：闭上眼睛想一想，1厘米到底有多长？睁开眼睛看看，脑子里想的和实际的1厘米一样长吗？

4. 找参照物

师：生活中有哪些物体的长度大约是1厘米呢？

生4：纽扣的宽度。

生5：橡皮的厚度。

师：老师这个手指的宽度大约是1厘米。你的哪个手指的宽度也大约是1厘米？用小棒比比，看哪个手指的宽最接近1厘米。

师：原来我们身上也有1厘米。这个发现可重要了，当我们忘记1厘米有多长的时候，就可以看看身体上的这把小尺子。

四、生成测量工具

师：现在我们已经知道了1厘米有多长，那就用1厘米的小棒来帮课前量线段的两位同学量一下他们的线段到底有多长。

师：请电脑来帮忙吧，孩子们一起大声数，1个1厘米、2个1厘米、3

个1厘米，想一想，3个1厘米是几厘米？

生：3厘米。

师：男生量的线段是3厘米长，再看看女生量的线段，1、2、3、4，4个1厘米，是几厘米？

生：4厘米。

师：现在能肯定哪条线段长了？会不会错了？为什么？

生6：女生量的线段长。

生7：肯定不会错了，因为都用了同样长的小棒去量。

生8：都是用1厘米的小棒去量的。

师：对呀，都是用1厘米长的小棒去量的，（指板书）标准统一了。孩子们，手有些痒痒了吧，肯定想亲自动手用1厘米长的小棒来量线段的长度了吧？好，我们要量的是练习纸上的第一条线段。比一比，哪组量得又对又快。（适时提醒：一根小棒不好量的话，可以发挥集体力量）

师：哪个小组来汇报？（小组在展示平台上演示合作量线段，长5厘米）

师：（课件演示）5厘米长的线段用小棒量，一根一根地搭，我们搭了几根？量10厘米长的线段呢？100厘米呢？你愿意一根一根地搭吗？

生：不愿意，太麻烦了。

师：是呀，真够麻烦的。你能想出一个好办法，让这些小棒用起来方便些吗？

生：把我们手里的小棒一根一根连起来再量。

师：好主意，掌声响起来！就听你的，把1厘米长的小棒一根一根地连起来，画下来，标上一些数字，有点像什么了？再画上一些长短的线，就成了咱们现在用的尺了。（课件演示）

【实时评析：从测量单位到测量工具，也是这样的历史经典时刻。测量重要的是建构测量单位，而测量工具不过是统一单位的聚集，便于在测量活动中计数而已。】

师：仔细观察，你能从尺上找到1厘米吗？（相机介绍刻度和刻度线）这些长短不一的小竖线都叫刻度线（板书：刻度线）。看这些长刻度线，每相邻两条长刻度线间是1大格。指指你直尺上的1大格，1大格就是1厘米。

师：直尺上有两个字母c、m，cm表示厘米（板书：厘米），厘米是一个长度单位,下面我们就来学习厘米(板书:厘米的认识)。刻度0到刻度1之间的长度就是1厘米,还能在尺上找到1厘米吗?发现什么了?(紧紧挨着的两个数字之间的长度都是1厘米)

五、用尺测量线段长度

1. 自主尝试量线段

师:正如同学们所发现的,尺就是由许多1厘米组成的,所以我们可以用尺来测量物体的长度。动手量一次吧?拿出练习纸,我们一起来量一量练习纸上的第二条线段到底有多长。(学生很快量完)这么快啊,比搭小棒快多了吧!谁来告诉同学们你量的这条线段长几厘米?

师:都一样吗?谁来量给大家看看?(展示汇报)

师:他这样量对吗?搬到电脑里来更清楚一点,怎么看出这条线段长4厘米?

生:从刻度0到刻度4,一共有4大格,所以是4厘米。

师:回答得真清楚!那从刻度0到刻度6是几厘米呢?从刻度0到刻度9呢?俗话说,一切从0开始,从刻度0到刻度几就是几厘米。

2. 用正确的方法再量一次

师:请快速量出第二条线段的长度。

学生动手量。

3. 变式测量方法

师:老师这里只有一把坏尺,找不到0刻度了,还能测量吗?谁来帮忙?

学生在展示台上用坏尺测量6厘米的线段。

4. 估一估

师:请独立完成书上第62页第3题。

生:(展示交流)红色线段比6厘米长一些,蓝色线段比6厘米短一些。这两条线段的长大约都是6厘米。

师:对,不管是不到6厘米一点,还是超过6厘米一点,都说大约长6厘米。

师:刚才我们都是用尺子量出线段长度的,你们有本事不用尺子,单凭眼力估计长度吗?估一估老师的一拃长。(学生估测)

师：谁来测量我的一拃长？（学生量：15厘米）刚才谁的眼力最好，估测结果最接近？

师：现在估一估自己的一拃长，并测量验证。

师：现在好了，以后在没有尺的情况下，我们也可以用身体尺估测物体的长度了。比如手指宽——1厘米、一拃长——十几厘米。看来在不需要精确的情况下，我们祖先发明的那些测量方法，还是挺管用的。

【实时评析：历史上是先有身体某部位做标准随意测量，然后才是随意单位的标准统一。历史的顺序不是学习的顺序，课堂中再现历史不是简单复制历史。通过1厘米和手掌宽、一拃长的比对，去除了手掌宽、一拃长等身体尺的随意性，赋予了一定的科学性，随性的估测也就变成了科学的估测。】

六、用尺画线段

1. 独立画

师：刚才我们用厘米的知识会测量、会估计线段的长度了，那你能画一条线段吗？先想想上节课你画的线段长什么样？

生：直直的，有两个端点。

师：对，上节课我们画的线段都是直直的、有两个端点，可是长短都不同。今天学了厘米的知识，我们就长本事了，全班同学能画一条一样长的线段。想不想试试？我们一起来画一条3厘米长的线段。（学生展台演示，交流画法）

2. 纠错误

师：评价一下这幅作品。

生：没有端点。

师：看看这位同学画得对吗？（视频播放学生画线段）

生：不对，没有从0刻度画起，而是从尺子的最左侧没有刻度的地方画起了。

师：都是火眼金睛啊，那就跟小伙伴说说画线段时要注意什么吧。

3. 巩固画

师：再画一条5厘米长的线段，别忘了刚才小伙伴的提醒。

七、总结延伸

师：通过今天的学习，你有什么收获？

师：如果老师让大家用尺子测量教室的长，你认为合适吗？那得多大的数啊，所以就需要大的长度单位。那是什么呢？我们以后再学。

提示解读

再现历史，不复制历史

荷兰数学家和数学教育家弗赖登塔尔说，"数学的根源在于普通的常识"[①]。计量单位的数学史，尤其表现得突出和鲜明。这固然说明了数学知识乃至数学思想是自然平和的，并不神秘高深，但在数学教育的具体实践中，因为数学和经验糅在一起，所以要思考很多问题。就本课例来说，首先要从计量单位的产生过程分辨哪些是数学，哪些是非数学。其次要琢磨，是否数学的史料都应该进入课堂。换一个说法，每个数学知识都是几十乃至几百几千年历史的积淀，而每一节课才 40 分钟，这么短的时间如何容得下那么长的历史？

数学课堂特定的时空要求，也就决定了我们在课堂中使用数学史，不是简单地完全复制历史，而是再现人类认知突破原有极限创造新知识新办法的历史经典时刻。数学的历史已经无法选择，但哪些史料进入课堂必须要经过选择。因为，历史虽然有智慧，但同时也夹杂着非数学的泥沙，以及虽然有数学意义，但没有更多育人价值的曲折过程。这就需要我们用拿来主义的态度，首先是占有数学史，继而去超越数学史，不要被数学史料所累。

那充满了经验和随性的计量单位数学史，有哪些应该把握的历史经典时刻呢？

纵观计量历史，我们不难发现，每一个计量单位的出现与规范都不是偶然的，大抵都离不开两个关键要素：一是为了解决实际问题应运而生，二是为了便于交流而统一标准。其本质是问题的解决，关键是标准的建立与规范。

---

① 弗赖登塔尔. 数学教育再探：在中国的讲学 [M]. 刘意竹，杨刚，等，译. 上海：上海教育出版社，1999：9.

时间顺序上分为两段，单位产生在前，标准统一在后。关于单位的产生，当科学还未诞生之前，谁都可以在劳动实践中创造单位，只要方便有用即可，无科学性可言。而标准的建立与规范，又往往经历了这样一个过程，先是小范围的，甚至是个人制定的标准，再因为交流的需要发展成区域的、大一统的标准，进而成为国际公认的、规范使用的流通标准，如此这般，螺旋上升。

古希腊人对得来的几何经验，力图用特定的方式进行追根求源的证明，这便赋予了数学优雅纯粹的一面。显然，计量单位的创造与统一展示了数学实用功利的一面——为了更好地统计物品、更方便地物物交换而产生单位，为了更好地交流沟通而统一单位，而至于最初的单位是谁定的、何时提出的、之后又是什么时候统一的，已经不再重要。所以，儿童学习计量单位伊始，可以在情境中面临解决问题的需要自创属于自己的标准，再在交流讨论中统一成同一标准。这一教学思路，相当于将儿童带到了计量历史的某一个关口：为了解决实际问题，亟须创造一个计量单位；然后再创设交流情境，发现标准不统一容易造成交流不畅，于是单位的统一呼之欲出。课堂中的儿童，在学习的同时可以深刻地体会到：计量单位由经验层面提升至科学层面的必要性，进而把握计量单位的科学性所在。这样的一个学习过程，恰恰是每个计量单位从诞生到确立必经的历程，这样的教学设计让数学史不知不觉地融入儿童的数学学习之中。

弗赖登塔尔指出，数学教学的核心是学生的"再创造"。教学应该把儿童带到人类认识亟须突破的历史经典事件面前，让儿童在逼迫中通过自己的实践和思考，创造数学知识，建构数学意义。所以，梳理数学史时要捕捉是什么样的现实问题逼迫着人类的认知进行拓展，拓展过程中整体上又分成了几个时期，各有哪些关键之处。把握了这些，也就大致把握了课堂的整体走向。"认识厘米"的教学就划分为"直观感知进行计量—创造自己的单位或工具进行计量—产生统一计量单位的需要—认识单位厘米、测量工具—使用统一的单位和工具测量"，这样几个阶段大致上也就是计量单位不断演进完善的关键节点，学生在其中慢慢琢磨和体会，也就能感受到当下的新知识新办法都是历史经过斟酌后极其聪明和精当的选择。

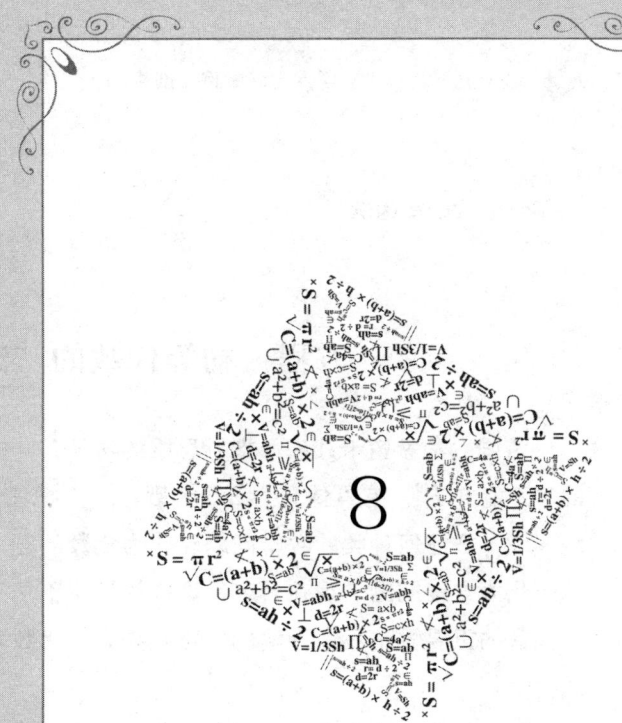

懂历史，才更懂定义是多么苍白

——以"认识方程"为例

人类使用某个数学方法解决问题的历史有几千年之久，但形成概念给出定义的历史只有几百年，这种历史现象启示概念教学宜基于定义，超越定义。

 史海钩沉

方程：初等代数的"宠儿"

法国数学家笛卡儿在《指导思维的法则》一书中曾提出了一种解决问题的"万能方法"。它具体分为三个步骤：（1）把任何种类的问题转化为数学问题；（2）把任何种类的数学问题转化为代数问题；（3）把任何种类的代数问题转化为方程问题。现在看来，这样的结论不免有失严谨，但是方程对于数与代数的重要性是不言而喻的。正因如此，代数学曾一度被认为是关于方程的科学。

回溯历史，人类几个主要的古代文明中都出现过方程。在埃及的兰德草卷里就有对一元一次方程的专门记载，古埃及人称未知量为"哈乌（Hau）"。其中的问题，如果用现代的形式表达是 $(x+\frac{2}{3}x)-\frac{1}{3}(x-\frac{2}{3}x)=10$，而且在其他草书里还可以见到形如 $\frac{y}{x}=\frac{4}{3}$，$x^2+y^2=100$ 的二元二次联立方程。在古巴比伦，也早就有方程，并且给出了形如 $x^2-bx+1=0$ 的二次方程的一般解法（相当于现在用求根公式解答）。古希腊虽然以几何方面的智慧著称，但是他们对于方程的研究同样卓有成效。在公元前三四世纪，古希腊流行着一种数学谜语，它们常常以诗歌的形式出现，比如：

大路上并排走着驴和骡，

驴子不住地埋怨驮物太重。

骡子不耐烦地说：

"你发什么牢骚，我驮得比你还重，

只要从你里再给我一袋，

我驮的就是你的两倍；

如我给你一袋，

咱俩才刚好一般。"

请君评说，

驴和骡各驮了几袋。

以 x、y 分别表示驴和骡驮的货物，那么这个问题就归结为解一个方程组。古印度婆罗摩笈多用配方法来解答 $ax^2+bx+c=0$ 的方程。而在我国古代，关于方程的思考和研究成果更为丰硕。

"方程"作为中国数学的一个独特概念，最早出现于《九章算术》第八章，其中记录有这样一个问题：今有上禾三秉，中禾二秉，下禾一秉，实三十九斗；上禾二秉，中禾三秉，下禾一秉，实三十四斗；上禾一秉，中禾二秉，下禾三秉，实二十六斗；问上、中、下禾实一秉各几何？依方程术，用位置表示未知数，将含有未知数的项的系数放在一边，常数项放在另一边，这样就构成了"方程"（见右上图），此题翻译成现在的方程其实就是一个三元一次方程组（见右下图）。而对"方程"这一名词的注解来自于魏晋时期数学家刘徽的《九章算术注》一书。书中写道："程，课程也。群物总杂，各列有数，总占其实。令每行为率，二物者再程，三物者三程，皆如物数程之，并列为行，故谓之方程。"这里所谓"如物数程之"，是指有几个未知数

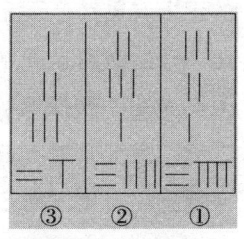

就必须列出几个等式。一次方程组各未知数的系数用算筹表示时好比方阵，所以叫作方程。可见，《九章算术》中的"方程"相当于现今的增广矩阵，并不是现代意义上的"方程"。方程术中，每一个竖行是一组可以成比例变化的数，也就是一组"率"，整个方程就是率的组合。方程术就对这种依比率关系构成的"方程"进行"直除"、"遍乘"变换（相当于现代的加减消元），直到得到解答为止。印度到 7 世纪才讨论了三元一次方程组的解法，比中国晚了约 600 年。欧洲对线性方程组的认识更迟，16 世纪法国数学家彪特讨论了三元一次方程组的解法，与我国的"直除法"类似；而用方程组系数增广矩阵变换法则是 18 世纪的事了，比中国的方程术晚了 1000 多年。

《九章算术》中的"方程"没有表示未知数的符号，其意义也不是现代意义上的方程。到了 13 世纪，我国宋元时期涌现出了许多优秀的数学家，其中最卓越的是被称为"宋元四大家"的杨辉、秦九昭、李冶、朱世杰，他们在高次方程的求解上取得了辉煌的成就。秦九昭的《数书九章》共记录了 21 个高次方程的求解，其中次数最高的是 10 次方程。随着高次方程求解技术的发

展，对列方程方法的研究也得到了重视。因此，出现了现代意义上的列方程和解方程，这就是李冶的"天元术"。宋代以前，数学家要列出一个方程，如唐代王孝通运用几何方法列三次方程，往往需要高超的数学技巧、复杂的推导和大量的文字说明，这是一件相当困难的工作。用天元术列方程的方法是：首先"立天元一为某某"，也就是现在的"设 x 为某某"；然后依据问题的条件列出两个相等的天元式（就是含这个天元的多项式）；把这两个天元式相减，就得到一个天元式，也就是高次方程式；最后用增乘开方法求这个方程的正根。显然，天元术和现今代数方程的列法雷同，而在欧洲，只是在 16 世纪才开始做到这一点。现在看来，"如何列方程"这样显而易见的步骤，也是人类先知不断探索的结晶！这之后，天元术又被朱世杰从一个未知数推广到二元、三元及四元高次联立方程组，这就是"四元术"。（除了天元，又引入了地元、人元、物元，即解四元高次方程）

现代意义上的"方程"是个外来词。中国第一部代数学译本《阿尔热巴算法》（对"algebra"一词的音译）中，译"equation"为"相等式"；清代数学家李善兰与英国数学家伟烈亚力在合译《代微积拾级》和《代数学》时，将"equation"译为"方程式"；1872 年，华蘅芳译沃利斯《代数术》时，也译为方程式。至此，"方程"在中国古代算筹方阵的含义被改变了，而成为现代意义上的"含有未知数的等式"，这也使得方程实现了真正意义上的"形""名"统一。而李善兰和伟烈亚力合译英国数学家德摩根的《代数学》时，不仅重新赋予了"方程"意义，而且创立了许多新术语、新符号，其中"多元一次方程"便是西方数学术语和中国传统数学术语结合的典范。20 世纪 50 年代，确定译名时，去"式"为"方程"。自此，"方程"的名才逐渐固定下来。

总之，对方程的研究，从远古开始，经历了几千年。从低次到高次，从解决个别问题到进行理论探讨，从特殊方程到一般方程，中间经历了无数的曲折。其中的关键性事件，是韦达、笛卡儿等建立了代数的符号体系，让方程获得了一般意义上的普遍形式，让方程的研究从探讨解法技巧升级为探讨方程解法的一般规律，逐渐形成了方程理论。方程，不仅扩大了数学应用的范围，使得许多算术解题法不能或不易解决的问题得到了解答，而且对后来整个数学的发展产生了巨大影响。比如，对二次、三次方程的求解，在数学上促进了人类建构负数、虚数的意义；对五次和五次以上方程的求解，导致了群论的诞生；对一次方程组的研究，导致了线性代数的构建；对曲线的方程表示，导致了解析几何的发明，等等。现代方程真正形成后，很快成为数学家手中的得力工具，应用于更加广泛的数学领域和其他科学领域，大大促进了数学和科学的发展。

史料梳理

创造"方程"知识的本源动机

了解了方程史，你可能会有"意料之外"的感慨。

意外之一：解方程可能是比较难的事情，"怎样列方程"也是令人煞费脑筋的事，现在"先找未知数进行设，然后找等量关系列方程"的一般方法，也是人类先祖的智慧创造。数学知识，有些是人类的发现，有些是人类的发明，无论是发现还是发明，现在看来显而易见的东西，在历史中都不会唾手可得。这也就警示我们，要蹲下身段用孩子的视角去审视要学的知识，不要以为那会天然自成。

意外之二：在各个版本的小学数学教科书里，先学习"用字母表示数"，然后再学习"认识方程"，于是，在大多数老师的认识中，人类创造方程的知识一定是人类会用字母表示数以后的事情。但历史却不是这样。人类早期的数学史料古埃及草书中就已经出现了相当复杂的方程。拥有方程知识的人都会判断，能写出"$(x+\frac{2}{3}x)-\frac{1}{3}(x-\frac{2}{3}x)=10$"这样的方程，显然不是刚刚产生方程的时候。所以，人类认识方程的时间应该比古埃及草书的时间还要早，但到底是在什么时候，现有的史料无法回答这个问题。而人类在符号层面上用字母表示数，那是16世纪中叶以后的事情。这两者间居然相差了2000多年之久！

因为初等代数被分期为文辞代数、缩写代数、符号代数三个阶段，相应地，方程的历史演变也经历了文辞式方程、缩写式方程、符号式方程三个时期。有一点比较明确，在符号式方程以前的历史时期，虽然还没有出现表示未知数的"x、y、z"，也没有出现表示等量关系的"="，但我们也认为已经有了方程。在符号层面上用字母表示数，才算跨入真正意义上的代数，所以这之前的解方程，也没有现代意义上的解方程的通用办法，人们更多的是创造专门的办法解相应的方程。16世纪，意大利数学家卡丹的《大术》一书收集的特殊系数的方程有66种之多，每个方程的解法都不同。解方程的办法严格意义上只能算算术，对这个时期我们现在称为代数的算术化时期。也就是说，即便解方程的办法是算术的，但我们也认为已经有了方程。

好了，梳理下来我们能得出这样的结论，方程显然不是为了"x、y、z"和"="这些符号来的，也不是为了"含有未知数的等式"的定义来的，而是为了解决问题而来。算术的办法也能解决问题，但用方程的办法解决问题更为程式化，所以，更为具体地说，人类创造方程知识的本源动机是为了能少动脑筋地解决问题，方程的本质在于表达了未知量与已知量相等的一个事实。

方程的思想，就是这么简单。所以，在人类数学知识萌芽的初期，各个古文明中都有方程的内容。由此及彼，我们特别容易联想到如此的教学现象：在解答"停车场开出了5辆车，还有3辆车，停车场原来停着几辆车"这样的问题时，几乎每年的一年级孩子们中，都有学生自发地列出形如"（　　）–5=3"（当然，小学生的写法不一定这么规范）的算式去解答，这种写法的本质便是方程。所以是不是可以这样认为，方程思想似乎是人类的一种本能数学直觉？

现代意义上，方程的定义不过百多年历史，而人类运用方程却有4000多年之久。由方程外在描述性的定义出发，去感悟概念的丰富意义，去触摸方程思想的简单与纯粹，这显然是教学更应该做的。

教学探索

"不,我们还有很多问题!"

教学内容:2014年苏教版教材五年级下册第1—2页。

教学目标:让学生理解并掌握方程的本质意义,体会方程与等式间的关系,会列方程表示事物之间简单的数量关系。在观察、操作、分析、比较、抽象、概括和交流中,经历从生活情境到方程模型的建构过程,进一步感受数学与生活之间的密切联系。

一、先学交流,初探方程

师:这节课我们要一起研究方程(板书课题)。课前老师已经布置了大家进行学习,接下去先请大家在四人小组内交流一下先学作业单的第1—4题。(时间3分钟)

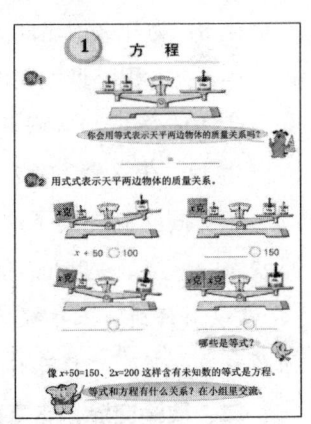

1. 阅读教材(如右图),独立完成例1和例2。

2. 你认为什么是方程?

3. 例1和例2中哪些是方程,哪些不是方程?为什么?

4. 根据你对方程的理解,先写出2道不同的方程,再写出2道不是方程的式子。

5. 对于方程,你还想了解哪些知识?

师:谁能在黑板上给大家写一个方程?

学生板书:$3x+5=17$。

生1:你们觉得我写的是方程吗?为什么?

生2:因为$3x+5=17$是含有未知数的等式,所以它是方程。

生1:你的回答完全正确。

师：谁能再写一道不是方程的式子？

学生板书：4+6=10。

生3：我写的为什么不是方程？

生4：因为你写的虽然是等式，但是里面根本没有未知数，所以不是方程。

生3：我觉得你说得很对。

师：看来通过刚才的先学，大家都已经明白了，要满足是方程的话，必须要符合几个条件呢？

生：首先要是等式，还必须含有未知数。

教师板书：（1）含有未知数；（2）是等式。

师：大家已经知道什么是方程了，哎，好像可以下课了哦！

生：不，我们还有很多问题！

师：有问题？说说看。

生5：方程中的未知数除了用 x 外，可以用其他字母表示吗？

生6：方程有什么用？

生7：方程中可以有多少个未知数？

生8：为什么取名叫方程？

生9：方程是谁发明的？

生10：等式与方程有什么关系？

生11：怎么解方程？

师：同学们提出了这么多有价值的问题，说明我们刚才对方程的认识还是肤浅的，接下去我们一起开启一段方程的探索之旅。

【实时评析：五年级学生把握方程的形式化定义是没有困难的，但越思考问题越多，可见，定义不能概括一个概念的全部。】

二、质疑交流，丰富内涵

师：同学们看，这是一架天平，左边的托盘里面放着一个橘子和一个50克的砝码，右边的托盘里放着一个150克的砝码（见右图）。请用数学语言记录下你所看到的情况。

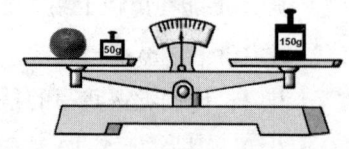

学生记录后展示。

生12：（展示）天平左边放着一个橘子和一个50克的砝码，右边放着一个150克的砝码，天平保持平衡。

师：（点评）他用一句话表达了看到的情况，非常准确。谁还有不同的记录？

生13：（展示）橘子和一个50克的砝码合起来是150克。

生14：（点评）比起生12的记录方式，简单了很多。

生15：（展示）把一个橘子的重量看作x克，$x+50=150$。

师：大家认为她的记录方式可以吗？

生：可以！

师：那么，针对她的记录，你们还有什么问题吗？

生16：你讲清楚了x表示的意思，但是这个"="从何而来？

生15：天平是平衡的，说明左边的重量等于右边的重量，所以我可以用"="把左右两边连接起来。

师：你的回答非常到位。接下来我们比较一下三种不同的记录方式，你有什么想说的？

生15：我觉得用方程比用汉字来表达更加简便。

师：老师要求你们用数学语言进行表达，其实就是用数、符号、字母等进行最简单的表述。我把生15所写的方程记录下来。（板书：$x+50=150$）

【实时评析：从知识形成的静态结果看，方程是"含有未知数的等式"；从知识形成的动态过程看，方程是用简要的数学语言对事物间相等关系的表达。】

师：我们继续方程的探索之旅。请你用最简洁的数学语言把看到的情况记录下来（见右图）；完成以后四人小组内交流一下，说说你是怎么想的。

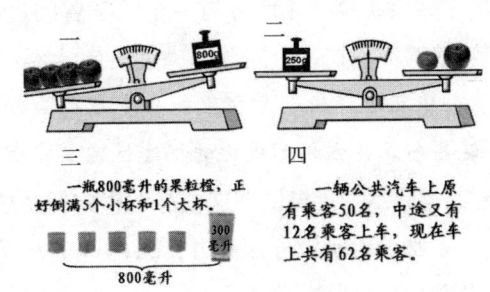

学生记录完成后，小组内讨论。

师：同学们交流得非常热烈，哪个小组愿意派一个代表和大家交流，题号可以自己选择？

生17：（展示）我来交流第一题。我把一个苹果的重量看作 x 千克，而天平上显示4个苹果的重量比800克重，所以我记录成：$4x > 800$。你们认为我写得对吗？你们还有什么问题吗？

生18：我如果记录成 $x+x+x+x > 800$，可以吗？

生17：可以的，但是我们在四年级的时候就学过，$x+x+x+x$ 就是 $4x$，所以用 $4x > 800$ 来表示更加简洁。

【实时评析：x 表示的是未知数，从"$x+x+x+x$"到"$4x$"是未知数在进行合并计算。这已经不是算术了，是实实在在的代数。】

生17：那你们觉得我写的算式是方程吗？为什么？

生19：你写的不是方程。它虽然含有未知数，但不是等式，所以不是方程。

生17把 $4x>800$ 板书在黑板上。

生20：（展示）我想交流第二题，我的记录方式是 $400=x+y$。你们觉得我写得对吗？

生21：我有个问题，为什么不写成 $400=x+x$ 呢？

生20：因为一个是橘子，一个是苹果，两者不一样，所以要用不同的字母表示。

师：（点拨）对呀，在一道题目中出现了两个不同的未知量，要用不同的字母来表示。

生22：那除了用 x 和 y，还能用其他的字母来表示吗？

生20：可以啊！

师：（穿插）刚才有一个同学曾问过，除了用 x，还能用其他字母表示未知数吗？现在这个问题解决了吧！

【实时评析：方程里能含有几个未知数，不同的未知数到底意味着什么，这些内涵在方程形式化的描述性定义中都没有给出。】

生23：我想说，这个是方程，但是这是没办法解开的方程。

师：不是没办法解开，只是这个方程的解不是唯一的，是一个不定方程，以后我们会慢慢学到。

【实时评析：学习越深入，生成的问题越多，这样的问题无一不促进着对方程内涵的不断丰富——原来，未知数表示的数还可以是不唯一的！】

生24：那这道方程可以写成 x+y=400 吗？

生20：可以是可以，但是我觉得顺着题目意思写的话更好。

生20把算式板书在黑板上。

【实时评析：到底写成"x+y=400"还是写成"400=x+y"看似没有玄机，实则不然。"x+y=400"的写法中，"="可以理解为"左边算式的答案是"的意思，而"400=x+y"的写法中，"="更为突出地表示了左右相等，是对原来算术中"="意义的丰富。】

生25：（展示）我来交流第三题。题目中 1 个大杯的容量是 300 毫升，5 个小杯和 1 个大杯一共装了 800 毫升果汁，但是 1 个小杯的容量不知道，所以就设为 x，所以列出方程 5x+300=800。你们同意我的观点吗？

生26：我同意，但是我列出的方程和你不一样，我的是 800-300=5x。你们觉得可以吗？

生：（齐）行。

生25把 5x+300=800 板书在黑板上。

师：同一个情境列出了不同的方程，掌声送给这两位同学。不过，老师有两个问题。第一个问题，这里已经没有天平了，怎么还能写成方程？

生27：第一个图有天平，但还是不能写成方程，因为它左右不相等。这里没有天平，但是小杯的容量和大杯的容量合起来是 800 毫升呀，它们之间是相等的关系，所以当然能写成方程。

【实时评析：用天平可以直观地表征等量关系，但等量关系不唯一地被天平表征。写方程，重要的不是找天平，而是找等量关系。】

师：说得很到位，表扬他！第二个问题，能不能列成"x+300=800"？

生28：不能这么列，一个 x 就是一个小杯的容量，再加上一个大杯的容量，它们不等于 800 毫升。

教师听着不作声，默默地等着。

生29：好——像——也——行。谁说 x 一定是表示一个小杯的容量，如果 x 表示全部小杯的容量，那和大杯的 300 毫升合起来不就是 800 毫升吗？

生28：哎，还真可以！

生30：这样一来，可麻烦了！"x+300=800"一会儿是对的，一会儿是错的，谁知道它这个 x 表示什么呀？

师：那怎么避免生 30 说的哪种情况？怎么让其他人一看就明白你这个 x 表示什么？

生 31：很简单啊，写方程前，先写清楚 x 表示什么，这样就不麻烦了。

师：谢谢！大家的智慧集中在一起，写方程就精彩多了。

【实时评析：概念，最终的目标是指向运用。这里的辨析，已经蕴含了用方程解决实际问题的大致过程，特别是对"设某量为 x"的价值，学生们有了真切的感受】

师：现在还剩下最后一题，哪个组来交流？

生 32：我来交流第四题，我的列式是 50+12=62，大家同意我的观点吗？

生：（齐）同意！

生 32：那我写的是方程吗？

生 33：不是，因为这个等式里没有未知数。

师：现在老师想提一个问题，这道题目我们只要做怎样的修改，就可以列出方程了呢？

汇报 1：一辆公共汽车上原有乘客若干名，中途又有 12 名乘客上车，现在车上共有 62 名乘客。列出的方程是 $x+12=62$。

汇报 2：一辆公共汽车上原有乘客 50 名，中途又有若干名乘客上车，现在车上共有 62 名乘客。列出的方程是 $50+x=62$。

汇报 3：一辆公共汽车上原有乘客 50 名，中途又有 12 名乘客上车，现在车上共有若干乘客。列出的方程是 $50+12=x$。

教师板书第三个方程，指出 50+12=62 我们一下子就能看出来，说明这里的 x 已经失去了存在的价值。我们以后在列方程的时候，尽量不要把单独的未知数放在方程的一边。

生 32 把 50+12=62 板书在黑板上。

师：好，同学们，通过刚才的探索，我们已经对方程有了更深层次的了解。其实古人在很久以前就已经开始研究方程了。（课件出示，并配音播放）

早在 3600 多年前，古埃及人就会用方程解决数学问题了。

在我国古代，大约 2000 年前成书的《九章算术》中，就记载了用一组方程解决实际问题的史料。

8 懂历史,才更懂定义是多么苍白——以"认识方程"为例 ▶127

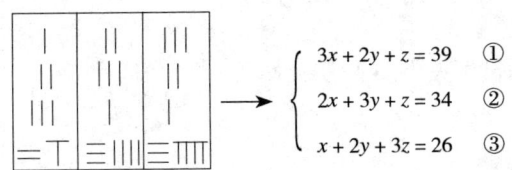

教师配合讲解:古时候人们把算筹摆放得方方正正去解决问题,这样的学问就叫作方程。《九章算术》的这道题目翻译成现在的方程,其实是一个三元一次方程组。

一直到300年多前,法国的数学家笛卡儿第一个提倡用x、y、z等字母代表未知数,这才形成了现在的方程。

师:古人在探索方程的历程中上下经历了3000多年,而我们今天通过先学以及课上的短短20多分钟时间,就已经列出了这么多方程,看来我们班同学确实不同凡响,掌声送给自己。

师:老师用一个圈把黑板上所有的方程都圈了起来,那么,你能圈出黑板上所有的等式吗?(指明学生上黑板圈,形成板书如下)

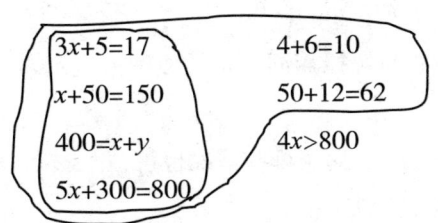

师:现在黑板上还有一道算式没有圈进去,这道算式是我们以后上了初中会学习的不等式。同学们再看,里边一个小圈,外面套着一个大圈,你有什么发现?

生34:等式里面包括方程。

生35:所有的方程都是等式。

生36:方程是特殊的等式。

生37:方程是包括在等式里的。我打一个形象的比喻,如果把等式看作一个大家庭的话,方程就是它里面的一个成员。

师:这位同学的比喻太形象了,掌声送给他。刚才这几位同学的回答不就是在讲方程与等式的关系吗?(课件出示规则的集合圈,见右图)

师:(总结)方程一定是等式,而等式不一定是方程。

三、深化模型，总结提升

师：接下来，老师还有一道题目（见下图）考考大家，请口答。

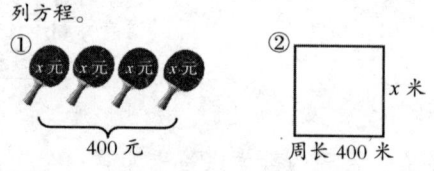

③一辆汽车以每小时 x 千米的速度行了 4 小时，共行驶了 400 千米。

生 38：第一题是 $4x=400$。

生 39：这三题都是 $4x=400$。

师：三道不同的题目，我们却列出了同样的方程 $4x=400$，为什么呢？

生 40：第一题表示 4 个乒乓球拍 400 元，第二题表示 4 条边长共 400 米，第三题表示 4 个 x 千米是 400 千米。

师：其实，这三道题目可以用同一个线段图来表示。（课件出示线段图，见右图）

师：在日常生活中，我们遇到哪些情况也可以用 $4x=400$ 这个方程来表示呢？

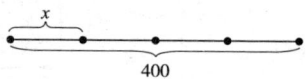

生 41：有 4 根木材，每根长 x 米，一共长多少米？

生 42：一个花坛里有 x 朵花，4 个这样的花坛里一共有多少朵花？

生 43：妈妈买了 4 副一样的手套，每副手套 x 元，一共花了多少元？

师：我们班 56 个同学可能就有 56 种不同的情况，但是所列的方程都是 $4x=400$。同一个方程，可以概括这么多种不同的情况，这就是方程的魅力所在。同学们，不知不觉我们的课已进入了尾声，相信这节课已经解答了同学们上课伊始的不少困惑。但课堂不是解决所有问题的地方，大家还可以带着问题继续去思考和学习，我们下节课再来交流你课外的学习所得。

【实时评析：方程是模型，是对周围事物间同一种等量关系的概括，这一练习的意义就是感悟方程的模型性。】

 提示解读

定义,并不是最重要的

没有"含有未知数的等式叫方程"的定义,教学中就无法进行有效的信息交流,但又因为这个定义,教学中惹出了诸多争议,比如"形如 $x=3$ 算不算方程?"、"形如 $x=30\div3-1.6$ 的算不算方程?"、"$a+b=b+a$ 是不是方程?",等等。

翻读数学史,函数概念的发展经历了萌芽阶段、形成阶段、成熟阶段、近代阶段、现代阶段,历史留给我们关于"函数"的定义不下几十种之多。每个定义都没有错,给出了函数概念在某一视角下的特点。由于数学史料的有限,我们没有找到"方程"在不同历史时期的定义,但我们相信,"方程"如同"函数"以及其他的数学概念一样,都曾经有过多个不同的定义。这种现象,一方面是因为人类的认识在不断进步,对概念的认识也便会不断深刻。所以,哲学中说没有绝对的真理,"真理"的"真"不过是个表达"赞同"、表示"这是对的"的标签,不是一切皆准的意思。另一方面是因为一个概念往往有多方面的属性,从不同的视角去研究概念便产生了不同的定义。两个方面综合起来,我们得到这样的认识:为了把握一个概念需要定义,但一个定义不等于概念的全部。就方程来说,才百多年历史的定义怎么能概括住人类数千年之久运用方程解决问题的全部积淀呢?

西南大学的陈重穆教授在《淡化形式,注重本质》一文中提出,有些名词定义作用并不大,要紧的是对其实质的理解与领悟。张奠宙教授在《小学数学研究》中对陈重穆教授的观点做出了详细分析,认为用"含有未知数的等式"来定义方程,首先,会使方程容易和函数以及字母公式混淆,因为函数和字母公式也是含有未知数的等式;其次,这个定义没有凸显"求未知数"这一特征。我国数学家关肇直指出:在一些问题中,有些量是已知的,有些量是未知的,根据问题的内容,可以知道已知和未知量之间的关系,从而可以由这个关系从已知量计算出未知量来。这就是解方程的问题。也就是说,我

们还可以这样给方程下定义:"方程是为了求未知数,在未知数和已知数之间建立的等式关系。"这样的定义凸显了方程的两个本质特征:(1)等式,建立相等关系;(2)未知数,求解未知数。为了突出方程重要的是让未知量获得和已知量一样的地位,我们也可以这样给方程下定义:"未知量和已知量一起参加列式和运算的等式",如此等等。

小学阶段,儿童们学的是教育形态的数学,为了使儿童能接受,定义常常从外在肤浅地描述,没有触及数学概念的本质。因而,教学中可能会引发诸多歧义。如果教学中围绕着这些歧义,非要分个对错、争个黑白,那便失去了一些数学知识创造之际的初衷。更何况,小学阶段的数学是极其初步的,数学知识的意义到后面的学习中都会有变化,这个阶段争论对错毫无意义。

数学教师不是数学家,教学中不用创造概念,但要创造学生对概念的理解。为此,重要的是通过一个个具体的事例和情境,让学生体会和领悟这个概念的多方面意义,而不应该抛开概念的意义只教定义,或者围绕概念的定义组织判断等训练。对于概念来说,定义是重要的。但对概念的学习来说,概念的意义比概念的定义更为重要。

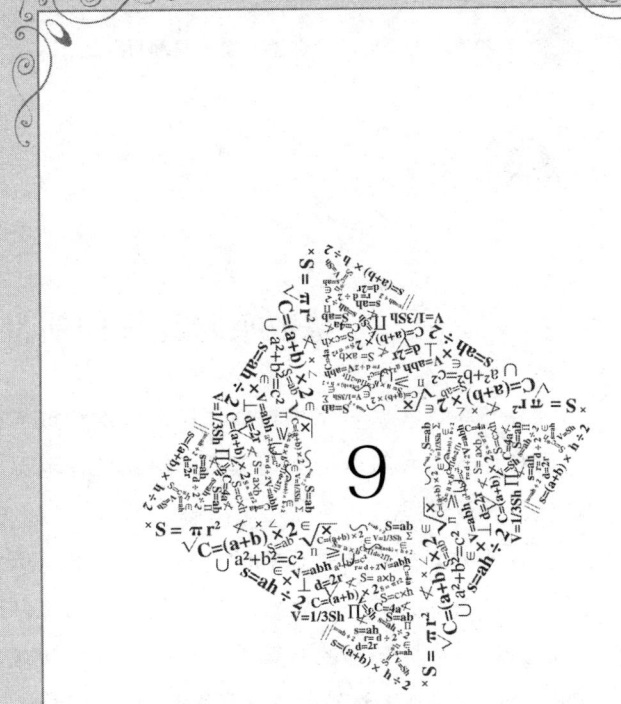

9

争论,在历史面前都会噤声

——以"乘法竖式"为例

解决问题的数学原理早已明确,上下几千年,人类只是在约定具体推进的规则和表达的方式。既然如此,学习的过程应该是各种方式慢慢规范的过程,"只能这样"的约束毫无意义。

整数乘除计算的前世今生

用纸笔为工具，依据位值原则、数的组成与分解、运算规律和性质，通过阿拉伯数字和符号的书写进行演算，就是笔算。笔算一般都通过竖式的形式记录计算过程。

由于古人关心的是运算的结果，不太注意运算的过程，加之早期人类生产生活实践能力有限，也极少有大数目的计算，因此早期的加减运算比较简单。所以，世界各国的古算书中很少有早期加减运算的详细记载。无疑，乘除计算的方法与表达成为古人思考和探索的重点，为了方便，我们分别叙述。

一、乘法笔算的历史演变

乘法是加法的特殊情况，重复进行同一个数的加法运算就产生了乘法，对这种重复计算的不同处理，就产生了不同的乘法计算方法。早在古埃及纸草书上就记载着一种乘法——倍乘法，也就是先加倍计算，然后再组合不同的倍数和，从而完成计算（见右图①）。虽然它不具有现代笔算乘法的形式，但在几千年笔算乘法的历史进程中体现了旺盛的生命力。1546年，德国数学家施蒂费尔的著作中将 32×13=416 写成如右图②的形式明显带有埃及倍乘法的痕迹。

*1	32
2	64
*4	128
*8	256
乘数 13	积为 416

①

1·32=	32
2·32=	64
4·32=	128
8·32=	256
13·32=416	

②

上述的计算过程用现在的算理表达出来，就是分别计算了 32×1、32×4、32×8，然后再把三个积相加，得 416。可以想象，当计算的数目大了，倍乘计算不仅仅是逐次加倍计算很麻烦，还在于组合不同倍数和的时候，需要极高的技巧。

大凡高度需要技巧的方法，都难以成为数学发展的主流。现代整数乘法计算的方法与古中国有关。中国古代计算 32×13，看作求 32 的 13 倍，由于 13 是由两个不同位值的数字 1 和 3 组成的，所以在计算中可以分别计算

32 的 10 倍和 3 倍，然后把结果相加。虽然，古中国进行乘法计算的原理和现在没有什么区别，但它的记数和进行算术运算的工具都是算筹。根据史书的记载和考古材料的发现，古代的算筹实际上是一根根同样长短和粗细的小棍子——一般长为 13—14cm，径粗 0.2—0.3cm，多用竹子制成，也有用木头、兽骨、象牙、金属等材料制成的，大约二百七十几枚为一束，放在一个布袋里，系在腰部随身携带。需要记数和计算的时候，就把它们取出来，放在桌上、炕上或地上都能摆弄。算筹以纵横两种排列方式来表示单位数目，其中 1—5 均分别以纵横方式排列相应数目的算筹来表示，6—9 则以上面的算筹加下面相应的算筹来表示。表示多位数时，从右到左，纵横相间，个位用纵式，十位用横式，百位用纵式，千位用横式，以此类推。遇零则置空，这样既不混淆也不错位。算筹的乘法计算分为三层：上位、中位、下位，顺序分别为乘数、积和另一个乘数；计算时把多位数变成一位数去乘多位数，乘一位加一位。还是以 32×13 = 416 为例，计算如右图。从图中可以看出，算筹乘法的基本步骤与现在的笔算乘法是一致的，不同的是，算筹乘法从高位乘起，积置于两个乘数之间。也因为借助算筹进行计算，从高位算起，遇有进位，可以很方便地增添算筹，所以，古人根本不考虑"从哪里算起"的问题。

后来，中国古代的算筹乘法在印度出现。9 世纪，印度数学开始传入阿拉伯，并同时传入了中国的造纸术，他们开始在纸上进行运算。纸上运算比起中国的筹算来，不能随时改动数字，只能逐次划掉中间步骤所得的结果，因此算式显得很混乱，也容易出错。当欧洲人接受纸上的乘法计算时，就进一步做了演变。1494 年，在意大利数学家帕乔利的著作《算术、几何、比与比例集成》中记录的乘法竖式，已经有了现在乘法竖式的雏形，当时叫"叠果法"。仍然以 32×13 为例，计算如右图。从乘法计算的书写格式看，它和现在相比已经相差无几了。但其计算步骤和现在从低位算起是不同的，无论是分解成32×（10+3）还是分解成（30+2）×13，都是从高位算起。但用纸笔计算不像算筹那样可以随意改数字，高位算起进位带来的麻烦如何解决？

变化总是在逼迫中产生的，人类逐渐有了如右图的算法。右图是欧洲人计算"748×632"，分解成了748×6个百、748×3个十、748×2个一，最后把各次计算的结果相加。计算的顺序上，既有高位算起，也有低位算起。不过，其每次计算的结果都独立占行，所以高位算起时，其后面的计算结果要进位也不会影响前面的计算结果，无须改动。而至于是什么时候统一了乘法的计算顺序，计算过程中的一些思考步骤又是如何不断压缩，最终形成现代样式的乘法竖式，已经不重要了，重要的是，现在看来如此规范的写法曾经是那么烦琐！

二、除法笔算的历史演变

一般认为，通过纸笔书写阿拉伯数字进而进行计算的笔算术，17世纪末18世纪初在西方就已通行。如同乘法的笔算术其历史演进脉络为"中国筹算—印度沙盘算—西方纸笔算"一样，与现代除法最接近的形式最早也诞生在中国。同乘法运算一样，筹算的除法运算也是分为三行：上行是商，中行是实（也就是被除数），下行是法（也就是除数）。除数除到被除数的哪一位，就把除数摆到被除数那一位的下面，除完再往右移。比如计算5984÷16，5不够被16除，就用59除以16，把除数16摆到被除数"59"下面，如下图中第①步。16去除59商3，被除数还余1184，将16右移一位，如下图第②步。如此下去，直到得到最终结果374。若除不尽，就摆在那里成带分数形式。

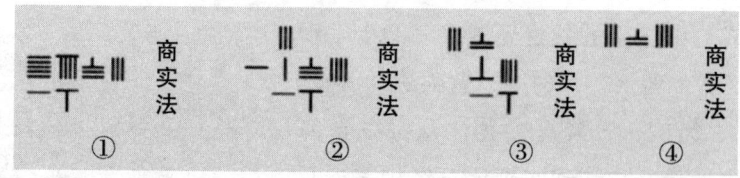

17世纪末18世纪初，欧洲出现了如右图所示的除法运算。计算

"1554÷37",其基本思路是从 1554 中反复减去 37,直到结果为 0,减去的次数就是除法运算的结果。为了使得减去的次数尽量少,无疑要首先设法从被除数中减去除数的整十倍(被除数如果足够大,也可能首先设法减去除数的整百或整千倍,也就是除法计算无疑要从高位算起才更为简便)。因此,图中第 I 步减去 37,实际上是减去了 370,还剩 118,其中个位上的 4 省略没写。第 II 步从 118 中再减去 37,实际上又减去了 10 个 37,还剩 81,同样个位上的 4 继续省略。就这样,每次减去 10 个 37,连续减 4 次后,还剩 7。这个 7 已经不够再减去 37,所以把十位上 7 和个位上的 4 合起来组成 74。另起一个竖式继续从中减去 37,又减了 2 次恰好减完,所以 1554 中一共包含有(40+2)个 37。

	1554		74
I.	37	I.	37
	118		37
II.	37	II.	37
	81		0
III.	37		
	44		
IV.	37		
	7		

当被除数和除数都比较大时,比如"22028148÷423",无法一下子找到能从被除数中减去除数的多少倍数时,人们想出了首先罗列除数 1—9 倍的数,而后从被除数的高位起逐步减去除数的合适倍数(见下图)。图中最左边部分,分别罗列了除数 423 的 1—9 倍各是多少,对照各个倍数,从 22028148 前四位"2202"中减去 423 的 5 倍最为合适,所以,就在被除数的右边标出第一次的商 5(被除数和商之间用半个小括号隔开)。第一次减去除数的 5 倍后,还余 87(实际上,被除数还有"878148",被除数千位及后面的"8148"

1	423	) 22028148	(52076
2	846	2115	
3	1269	878	
4	1692	846	
5	2115	3214	
6	2538	2961	
7	2961	2538	
8	3384	2538	
9	3807	0	

省略没有写),87 中不能减去 423,所以,就和被除数千位上的 8 合起来成"878",423 的 2 倍最接近 878……重复前面的过程,直至减的结果得 0。这个除法运算的表达和现行教科书的写法已无本质区别,只不过省略了除数倍数的罗列,以及写商的位置有所不同。

和四则运算中的其他运算相比,进行除法运算需要进行的思考是最复杂的,因此,人类对于除法笔算方法及其运算过程记录的探索也是最为艰难的。以 732÷6 为例,人类不断优化除法运算笔算方法的过程大致呈现了如下图的过程。

中国借助于算筹，在算术上取得的成就是巨大的。但又因为此，一直没有探索笔算术。明朝末，西方的笔算术系统地传入中国，其后大约到 19 世纪末，随着大量新式学堂以及教会学校的开设，现行四则运算的笔算术在中国大地上得到了大范围的普及。

史料梳理

规则，有时就是一种约定

限于篇幅，上面简短地回望了现代整数乘除笔算术的形成过程，虽然搁下了加减笔算的内容，但不影响我们提炼出以下认识。

其一，好的记数法是计算方便的基础。显而易见的是，计算活动显然不是人类最早开展的数学活动，在这之前还应该有数（shǔ）数（shù）活动。对数（shǔ）数（shù）活动的压缩与凝聚就有了加减运算，加减运算的发展就是乘除运算。所以，整数的四则计算归根到底还是数数，有了好的记数法，四则计算也就有了好的根基。在古代文明中，乘除计算有两种典型办法，一种就是古埃及的倍乘法及其对应的除法，一种就是古中国的办法。两者间乘除计算办法的不同，其根本原因还是因为记数办法的不同。古埃及和其后的古罗马用的是现在称之为"累数制"的记数法，它们不仅有 1—9 的数字符号,还有10、100、1000、10000等大数的符号,因为没有位制的概念,所以记录一个数,就要累积相应的数字符号。而古中国在世界上最早使用"位值制",所以其计算的原理和现在的笔算术是相同的。恩格斯说,十进制的位值记数法是人类最美妙的发明之一,实不为过。因此,别小看了一年级学生认识数10,这是孩子们第一次正式地体会位值以及新的记数单位"十",一定要好好重视。

其二,人类更多的是在探索笔算的规则,而不是笔算的原理。现代笔算中用的知识可以分成两类,一类是涉及计算的"原理性知识",比如位值原则、运算定律、数的分解与组成、计算的本质意义等;另一类是涉及计算的"规则性知识",比如计算的步骤、竖式的书写等。回顾历史,你能感受到关于计算的原理性知识在几千年前就已经明确了,而计算的规则性知识则变来变去,毫无定论,现在的样式也不过300多年的历史。历史把整数的四则运算最终演变成现行的样式,每个细节的安排都是智慧的抉择。为了避免进位而改动先前计算结果的麻烦,历史选择了加法、减法、乘法从低位算起;为了尽量快地从被除数中减完除数,历史选择了首先设法减去除数的整百、整十倍,也就是从高位算起。除法竖式,也不是完全不能像乘法那样写,也可以写成"一层"(学生的说法,见本案例"提示解读"部分),但除了之后若有余数继续再除的话,现在的样子才是较为合适的。四则运算的竖式最终写成现在的样子,全因为这样写更为简洁和合适。由此,我们可以得到的数学教育启示是,数学不仅仅是解决问题的工具,也是重要的表达交流的语言形式。运用数学知识去推理去解决问题是种智慧,用贴切的方法和形式把想法简明而又清楚地表达出来,同样也是一种智慧。所以,教学中一定要给予学生表达交流的机会,不然,学生学的便是"哑巴数学",只会解题,不会表达交流。

回溯整数乘除笔算的历史,除了在整体上提炼出上面的两点体会外,在细节上也值得去思考一个问题,那就是:计算过程记录与表达的简洁有没有一个统一的标准?

可以想象,历史上乘除计算的各种竖式都是那个时代较为典型和有用的办法,不然的话,也不会记录在史书中被传承下来。原来,计算过程记录与表达的简洁是个历史性概念,不同的时期有不同的理解与不同的约定。所以,历史上曾经的烦琐不见得不好,它把计算过程中的每一次思考表达得更为直白和浅显。即便到现在，有国外的小学数学教科书（见右图）中，纸笔竖式计算中还带有如此"多余"的符号和写法——为什么在我们看来带有多余符号的不规范写法，他们却写得堂而皇之？道理在于他们就是这样约定的！另一方面，历史上曾经的简洁也不见得好。19世纪，奥地利最早使用了这样的除法计算办法，即每次商后把乘、减的过程压缩成只写减得的差。以计算"272862÷978"为例，如商"2"和"978"的乘积被"2728"减，只写出了所得的差"772"；商"7"和"978"的乘积被"7726"减，只写出了所得的差"880"；商"9"和"978"的乘积被"8802"减，其差为0，不再写出了（见右图）。无疑，这种办法更为简洁，但却没有成为历史的最终选择。比起来，现在的笔算术是计算道理和书写表达结合得比较合适的。简，简到什么程度，大家协商后觉得合适就是了。

数学，是人类的一种创造，因此，有些知识就是各种办法间的协商与约定。

教学探索

"能否把三个竖式写成一个竖式"

教学内容：2014年苏教版教材三年级下册第1—2页。

教学目的：使学生经历探索两位数笔算办法（不进位）的过程，理解并掌握计算的程序和积的定位办法，能正确计算两位数乘两位数。

一、自主探索，交流算法

师：幼儿园刚运进了一批迷你南瓜，从图中你能知道哪些信息呢？

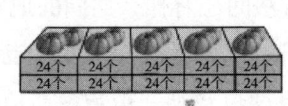

通过交流和汇总，学生明确了这批南瓜是由两部分组成——地上堆着的 10 箱和搬运工人手里的 2 箱，每箱南瓜都是 24 个。

师：能解决什么问题？

生：这些南瓜一共有多少个。可以列式为 24×12。

师：24×12，你想怎样算？

生 1：24×10=240，24×2=48，240+48=288。

生 2：12×20=240，12×4=48，240+48=288。

生 3：24×2×6=48×6=288。

生 4：12×6×4=288。

师：很了不起，都能用自己的办法计算两位数乘两位数了。能说说各种办法中，每一步计算的意思吗？

学生在交流中明确了各步计算的具体意义。

师：找找看，方法似乎都不同，但其中有相同的地方吗？

生 5：四种办法好像分成了两类，上面两种办法是先乘法后加法，下面两种办法是连乘计算。

师：好眼力。我们就顺着这位同学的说法去看上面两种办法，先进行乘法计算。那之后为什么还要把两部分的结果加起来？

生 6：24×10 算出了地上 10 箱有几个南瓜，24×2 算出了工人叔叔手里的 2 箱一共有多少个南瓜，现在一共有 12 箱南瓜，所以要把两个结果加起来。

生 7：一箱有 20 个南瓜，那 12 箱有（12×20）个南瓜。实际上一箱有

24个南瓜，所以就少算了（12×4）个南瓜，因为是少算的，所以要加起来。

师：再来看连乘的。24×2×6中为什么是"2×6"而不是"2×7"或"2×8"啊？

生8：二六十二，二七就十四了。24×12就只能变成24×2×6。

师：这么一解释，大家也应该明白24×12变成12×6×4的道理了。我们合起来观察，两类方法间还有什么共同的地方？

生9：老师以前讲过，要设法变成我们已经会的题。两位数乘两位数我们不会，但我们会计算两位数乘一位数，所以对24×12，我们都设法变成了两位数乘一位数进行计算。

【实时评析：竖式计算不是人类进行计算的第一选择，而是依托其他办法不能完成计算的无奈选择，因此，不着急呈现竖式，放手让学生创造自己的办法解决问题，是教学的第一考虑。计算完成后的交流似乎和竖式毫无关系，实则不然，虽然算法不同，但算理是相同的。在这里，把计算的道理辨析清楚了，后续的学习可以集中于竖式计算的办法上。】

二、设置障碍，促进认知提升

1. 用自主探索的方法计算57×23

一部分学生想用连乘的方法进行计算，但发现57不好拆分。很多学生借助笔算，列出了3个独立竖式。（见下图）

师：为什么计算57×23时，很多同学都想到要用竖式计算？

生10：数字大了，不容易口算。

生11：我怕一不小心算错，所以用竖式。

生12：我觉得竖式比口算算得更准确一些。

师：确实，竖式能帮助我们计算。那如果每道题都用三道竖式去完成，感觉怎样？

生13：费时。

生14：太麻烦。

生15：写得太累。

生16：以前我们一道算式都写一个竖式，那能不能把这三个竖式也写成一个竖式？

【实时评析：再设障碍，看似多此一举，实则是顺应儿童想法的表现。如果没有这样的障碍，学生也就没有进行新探索的动力了。】

2．经历创造过程，优化形成竖式

师：能知道想办法，使复杂变简单，多好的想法呀！想试试吗？我们就拿24×12这条算式研究，相互讨论讨论，写写看。

学生呈现各自的想法（见下图），师生交流分享。

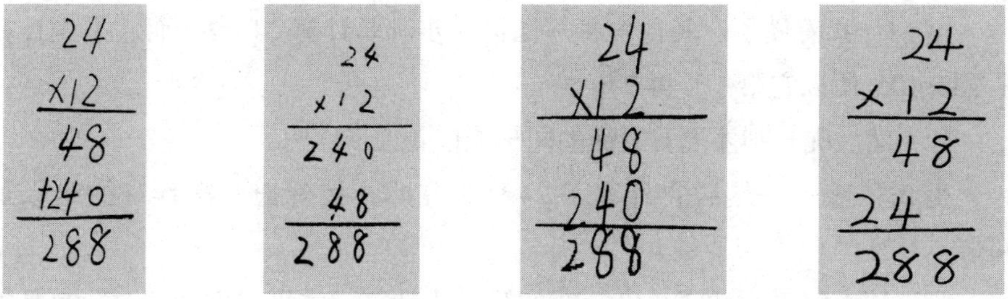

①　　　②　　　③　　　④

生17：我觉得一个竖式分成三次进行计算，和原先我们的口算是一样的。

师：说得好！结合具体的题说清楚是分成了哪三次计算？

生17：（上台，指着四种写法）第一步都是计算了24×2，然后是计算24×1，最后把两次计算的结果加起来。

师：谁听出了啥？

生18：第二步计算，算是算24×1，但实际上是24×10。

生19：第二步计算了24×10，所以计算的结果要写成240。

师：对照着原先的算法，第一步算了2箱有多少个南瓜，然后要计算10

箱有多少个南瓜；第二步显然是在计算 24×10，这不能说错，结果得 240 个南瓜。哎，有同学怎么写成了 24 个（指着写法④）?

生 20：这里我觉得 240 个位上的 0 可以不写，因为它已经表示 24 个十了。

师：对，24×10 得 24 个十，如果写 240 当然没有问题，如果个位上的 0 不写，那写 24 个十，有什么讲究？

生 21：要把 2 写到百位上，4 写到十位上。

师：特别要注意的写法！谁还有其他想法？

生 22：写法①我觉得写上加号，能帮助我们理解最后一步是把 24×2 算到的 48 加上 24×10 算到的 240。

师：嗯，我同意。当然，你后面熟练了，也可以把加号省略。

生 23：写法②我怎么看不懂呢？和其他的都不一样。

师：终于有人发现了。计算结果还是 288，正确的。看来不是错误的算法，值得我们去交流。有谁看懂了吗？

生 24：我看懂了。其他三种写法第一步都是计算 24×2，而它是先计算了 24×10，所以它第一步得 240。

师：然后呢？刚才说看不懂的同学能接着说下去吗？

生 23：哦——然后它计算了 24 乘 2 得 48，接着把两次计算的结果加起来。

师：请大家看写法①、③、④的第二步计算，结果得到的"24"都是把 4 和十位对齐，为什么写法②第二步的结果"48"的"8"就不和十位对齐写呢？

生 25：一个第二步算的是 24×10，结果得多少个十，要和十位对齐写；一个算的是 24×2，结果得多少个一，当然和个位对齐写。

师：按照这位同学说的，大家仔细地复查一遍，是这样吗？

学生比照着竖式复查。

师：这样一比照，在竖式计算时，写每次乘得的结果时你发现有什么规律？

生 26：结果是多少个一，要和个位对齐写；结果是多少个十，要和十位对齐写。

师：谁能说得更直接些吗？

学生沉默。

师：大家看能不能这么说，用个位上的数去乘的时候，结果要——

生27：用个位上的数去乘，结果要对齐个位；用十位上的数去乘，结果要对齐十位。

师：好，让我们感谢这位同学。正因为有不同的算法，在比较中我们才收获更多。当然，第一步到底算什么，是个值得进一步思考的问题，这个悬念老师先留着。下面谁来总结一下，绝大多数同学刚才是怎么用竖式计算两位数乘两位数的？

生28：先用个位上的数去乘，然后用十位上的数乘第二次，最后把它们加起来。

生29：特别要注意写好乘的结果，不要对错了数位。

生30：为了对齐数位，得多少个十，可以先把个位上的"0"带着写。

……

【实时评析：竖式是什么？该怎么教？形象地说，竖式就是让横式站起来。但这样的"站"，应该建立在学生充分理解的基础上。如果说前面的教学解决了"为什么需要这样算"的问题，那么这一段教学就引导学生理解了"为什么可以那么算"。在对话交流中，在不同写法的比较中，在细微之处的追问中，两位数乘两位数竖式计算的各个要点渐次明晰，学生的认识慢慢丰满。由于有了数学史的支撑，教者对于竖式"形"的各种约定也更为开放和灵活，没有用竖式的"形"来压制学生的个性思考，较好地在这两者间达成了暂时平衡。因此，竖式的整个学习过程，不是被动模仿掌握竖式的"形"的过程，而是在把握了计算原理基础上对竖式计算的"理"和"形"渐渐开窍的过程。】

提示解读

让个性化的办法多"飞"一会儿

即便是现在,学习数学知识还得从整数及其四则运算开始。对于小学生来说,这部分内容是其小学阶段数学学习的重要内容,不仅知识点众多,而且学习时间也长,螺旋式上升,要从一年级学到四年级才算完毕。在这个过程中,总看到有教师提出诸多争议,比如:

——算乘法时,有学生在合并两次乘的结果时,多写了加号,这样的竖式到底算对还是错?

——有学生在计算时写的竖式和教材上的不一样,如写成了"一层"(见右图),这算对还是错?

学生不仅在写法上考验着教师的教学智慧,而且还冒出许多古怪的问题考验着教师的积累,比如:

——为什么加法、减法、乘法要从低位算起?能不能从高位算起?

——除法能不能像加法、减法、乘法那样,从低位算起?为什么偏偏要从高位算起?

——除法竖式能不能像加法、减法、乘法那样写竖式(见右图)?

……

关于整数乘除计算教学的困惑、争论,在历史面前都会噤声。要计算的题和正确的计算结果间,实际上有很多条路可走;从计算思考推导的朴素表达和最终的规范形式间,实际上是逐步压缩、不断简略,经历了很长时间!既然如此,我们有什么理由要求学生一下子吞下这高度压缩的人类思维千年的结晶?所以,在笔算教学中应该采用这样的原则:不要把历史选择的结果直接给学生,而是让他们自己来选择。不要否决和杜绝学生试着走其他的路,而是让他们走一点歧路后再慢慢地醒悟。只要稍有些逻辑思维,只要能在麻烦和方便面前正常选择,他们终究会选择现在通用的笔算样式。再退一步说,即使孩子在计算过程中还得写一些提醒自己如何思考而无法抛弃的符号或记号,这又算得了什么呢?

明白了整数笔算史的教师，应该有这样的教学自信，那就是在原理性知识上不能错，而在规则性知识上没有错可言。像初学多位数的除法，一下子找到合适的初商是不容易的，那就让学生们先"玩"起来，先试商，后面再把所有的商合并又何妨？让多样的顺序慢慢统一，让琐碎的步骤慢慢压缩，让多余的符号慢慢擦除，让不同的写法慢慢规范。而正是关键地方、关键时候的"慢"，才是教育的精髓。

当然，教学为了避免学生冒出古怪的问题，什么时候初次学习竖式、用什么题做例题也很讲究。比如，上文提到的48÷2，把被除数改成68，学生是否还会写成"一层楼"式的竖式？把15÷3改成16÷3，像加法、减法或乘法那样写竖式是不是更为麻烦？如此等等。精心安排教学时机和教学素材，无疑可以更好地提高教学效率。

整数四则笔算在数学知识体系中，只占了极小的比例，但一滴水同样可以折射出太阳的光辉。我们不禁还要追问，笔算竖式的本质到底是什么？

显而易见的答案是，口算无法进行大数目计算，复杂的计算只能分解为多个小数目的简单计算，短时记忆无法记住多个简单计算的临时结果，需要把各个环节的计算过程记录下来，这便产生了竖式。更为深入地审视，历史上没有现在通行的笔算术时，各个民族都有自己的巧妙方法进行大数目计算，对不同的情况用不同的方法，而且它们都很巧妙和充满智慧。一旦归结为现在通行的竖式计算后，所有的加减都最终归结为20以内的加减法，所有的乘法都归结为表内乘法和乘加口算，所有的除法都归结为表内除法以及简单的减法。这些简单的计算和相关口诀，只要辅以一定的训练，便可以几乎不经思考就脱口而出，再按程式化的步骤，无论多复杂的计算都能完成。原先需要绞尽脑力用各种巧妙方法进行的计算，现在能几乎不经思考就按部就班地机械完成。很多时候，我们常常以为巧妙的方法才是聪明的方法，按部就班的方法是笨的方法，但巧的同时却限制了其运用的范围——越是巧的方法越不能通用，而按部就班的同时却是更为一般和通用，这就是竖式更为本质的意义——算法的程序化、机械化，它顺应的是计算大众化的历史趋势，表达的是数学前进发展的方向。

对数学来说，机械、一般的方法比个别特殊的方法更有价值；对儿童来说，他们自己琢磨出的个性化的办法，才是更有潜能的办法。这两者间，很多时候是不一致的。在一般意义上，我们要优先让儿童自己去琢磨他们个性化的方法，去引出他们的巧妙方法，接着比较概括各种巧妙方法的共同点，引导他们向着数学的通用方法去。这一路，越急越体现不出数学的高明和智慧，越急越享受不了儿童自己思考的快乐。让儿童们个性化的方法多用一会儿，甚至允许个别学生用他们的方法去进行计算。这些方法虽然和现行规范算法相比是烦琐的，但也许在他们看来正合适，这正是教育中可贵的儿童视角的体现。

10

有些为什么只能由历史来回答

——以"小数的意义"为例

　　儿童们好奇心强，会冒出很多稀奇古怪的"为什么"。有些问题，用数学内部的逻辑推理是无法回答的。这种时候，只能用数学史来回答。

 史海钩沉

被逼着诞生的小数

小数，又称为十进小数，它的本质是以 10 的乘幂为分母的分数，只不过简略了分母。在各个文明中，人类都是先认识正整数和分数。直到 18 世纪，人类才建立起稳定的十进小数表示形式，这比微积分的出现还要晚 100 多年。究其原因，是因为在人类社会发展的初期，计物分配、丈量土地等生产劳动实践中，正整数和分数已经够用。随着社会发展，人类的生产劳动、社会实践能力有了大幅提高，有了天文测量、商业贸易、合金铸造等实践活动，它们对数及计算提出了更精细的要求，正整数和分数已无法满足需要，小数就这样被逼着诞生了。

从小数的意义看，小数的诞生是有前提条件的。一是十进制记数法的使用，二是分数概念的完善。我国自殷商甲骨时代起就开始使用十进制记数，而且在公元前 4—5 世纪就建立了分数的概念并广泛使用，所以，十进小数最早诞生在中国是很自然的事情。3 世纪，我国数学家刘徽注释《九章算术》时，在处理开平方根的问题中提出了十进小数。他说："……凡开积为方……求其微数，微数无名者以为分子，其一退以十为母，再退以百为母。退之弥下，其分弥细，则朱幂虽有所弃，不足言之也。"刘徽提出的十进小数有三个意思：

其一，在求一个数的平方根时，如果求得平方根的个位后仍没有开尽，则可以继续开方求出其"微数"。所谓"微数"，就是整数以下小数部分的统称。

其二，微数的表示办法有两种，一种是用"专名"，即用分、厘、毫、秒、忽等名称表示微数的专用单位。比如刘徽在《九章算术注》中，把 1.55 尺的直径表示为一尺五分五厘，这里的"五分五厘"就是微数部分。为了测量或计算的精确，"微数"就要增加取位，越往后，单位越小，每个更小的单位如果都要取一个专用名，这显然不是个办法。因此，刘徽提出在最小的专名"忽"以下的部分，就不再取专名，皆是"无名"的部分。无名者，以十

进分数表示，其分子是继续开方时所求得的各数，其分母分别是十、百、千等。这就是微数的第二种表示办法。

其三，十进分数的表示是无限的。

这三层意思完整地揭示了十进分数的价值与意义，与现代的小数概念比较，没有多少本质上的区别。不过，由于古中国是用算筹来记数和进行计算的，所以，那时没有小数的符号表示办法。但算筹表示数，也不是一无是处，它有很强的位置观念，一般十进分数都可以通过该数字所在的位置来表示，因而也就无须再写出分母。例如，我国元代的刘瑾在其《律吕成书》（约 1300 年）中，将 11314285714.72 写成：

其中"忽"表示整数部分，"忽"后面的各位就是整数以下的各位数，这种办法和现代小数的表示办法也就差了一个小数点。

把微数的名称改为小数，似乎是元代数学家朱世杰提出的，即个位以下无法标出数位名称部分的统称，相当于现代意义上一个数的小数部分。当时"小数"的名称和它所表示的数的大小，还是名副其实的。

古中国产生小数，是为了更精确地开平方根。西方人提出小数，是因为令人头疼的分数计算。

古埃及、古罗马的记数都使用了复杂的累数制，没有位制概念，他们创造了 1—9 的符号，还创造了十、五十、百、千等大数的符号。因此，记大数就用不同大小的数符号的累加来表示。另外，古埃及创造的分数概念也不完善，只使用单位分数。由于这两个原因，西方数学在数学萌芽时期的发展十分缓慢。对于古代中国人来说，计算是简单的事，但对于西方人来说，则是十分头疼的事。7 世纪，俄国亚美尼亚地区的数学家阿拉尼在他的《算术习题集》中，给出了八个分数相加的题，因此他被认为是掌握了最尖端计算技术的人。当时号称欧洲最有学问的英国学者修士倍达说："世界上有很多难做的事情，但是，没有比算术四则再难的了。"直到 18 世纪，人们对分数的运算仍心有余悸，因此，德语中至今还有这样的俗语，形容一个人遇到了麻烦，就说他"掉到分数计算里去了"。

随着测量、贸易的发展,利用分数进行零头的计算,不能仅仅是少数有学问人的专用,人类亟须一种灵活好用的关于零头的计算术。1584 年,荷兰工程师斯台文在考虑银行复利表的制作时,注意到了采用十进小数的优越性。第二年,他专门写了一本小册子,名为《论十进》。之所以称它为小册子,是因为它只有 7 页。但其动机很明确,就是为了简化计算,希望在商业中遇到的所有计算都能像整数计算那么方便,从而避免复杂的分数计算。他在前言中说:"简而言之,本书要讲授不使用普通分数怎样简便地完成各种账务结算、数字计算和货币兑换;如果这种新记数系统的算术运算法则与整数的相关法则相通,便能起到这些效果。"① 他把十进制定义为以 10 为倍数的几何级数上的算术,并称整数部分为"起点",把起点单位的十分之几称为首位,记为①;把首位单位的十分之几称之为第二位,记为②,依次类推,得到更多的位。他把按这样的法则写出来的数称为"十进制数"。小册子在给出了小数的表示办法后,还给出了小数的计算办法,其原理和现在的小数计算原理相同,甚至给出了求平方根和立方根时确定小数位数的法则。小册子虽然单薄,但其影响深远。斯台文甚至还建议在其他情况下都用一个已知的基本单位作为起点位,然后用他的办法得到更多的单位。这一建议直到 200 年后,当法国大革命时期引入度量衡的公制时才得到了实行。在本质上,斯台文已经建立了十进小数的系统体系,因此,十进小数在西方得到广泛普及和使用,斯台文是第一功臣。

斯台文创造的小数记法,并不高明。按上文所述,比如 18.375,他写成"18 ◎ 3① 7② 5③",虽然小数部分也不出现分数的形式,但小数部分每个数后面写一个带圈的数,用来说明该数字所在的位置,颇有画蛇添足的味道,小数的表达反而复杂了。1592 年,瑞士数学家布尔吉对十进小数的表示做了改进,他只用一个空心小圆圈把整数部分和小数部分分开,简明有效,斯台文的表示办法很快被淘汰。1593 年,德国的克拉维乌斯首先用小黑点代替空心小圆圈,用来分开整数部分和小数部分,从此确定了现代小数的记法。1617 年,英国的纳皮尔提出用",",作为整数部分和小数部分的分界记号,

---

① Katz. 数学史通论 [M]. 李文林, 邹建成, 胥鸣伟, 等, 译. 北京: 高等教育出版社, 2004: 294.

这种办法后来在德国、法国、俄国等国家广泛流传。因此，现在小数的表示办法仍然分为两派，以德、法、俄为代表的大陆派用逗号，以英国为代表的岛国派（包括美国）用小黑点，而将逗号作为分节号。

明末清初，西方笔算术传入我国，小数的现代记法也被引进。1723年，由康熙主持编撰的《数理精蕴》中就出现了小数的记法，比如把35.67写作"三十五·六七"，把小数点放在整数部分的右上角，但是这种记法没有被普遍使用。直到19世纪后期，小数的现代记法才在国内普遍流传起来。

小数，或者说十进小数，并不是一种新的数，而是十进分数的简写形式。即便如此，它的诞生也积淀了人类共同的努力。一提到十进小数，西方数学史家往往把它归功于斯台文。而真正的历史面貌是：中国的刘徽是人类历史上第一个提出小数概念的人，发明小数记法并给出了相关系统认识的是荷兰的斯台文，而现代小数记法是后人经过不断改进才得以逐步完善的。

史料梳理

小数和十进制记数法更有渊源

不同的历史，却有相同的现象。比如说，人类很早就掌握了小数的数学意义，但寻找简单而又贴切的小数的符号表示法，却大费心血。这说明了符号之于数学的重要，数学也是一种语言体系，合适的表达对于数学何等重要。既然如此，教学中我们是否也应该给予学生充分表达的机会，通过创造自己的符号来观照现行符号的简练和智慧？

上述的体会不是没有价值，但其他的数学史片段也可以给我们这样的启示。小数史，其独到的启示在哪里？在教育形态的数学范畴里，小数是和分数紧密联系在一起的，是十进分数的简写形式。但数学史却给出了不一样的答案：小数似乎和十进制记数法更有渊源！

在刘徽处理平方根问题之前，我们的祖先在度量衡中已经使用了分、厘、毫、秒、忽等专名来表示零头的结果。更有甚者，秦九昭在《数书九章》中，给出过一个关于复利计算的问题，其结果为：二万四千七百六十贯二百七十九文，三分四厘八毫四丝六忽七微七沙三莽一轻二清五烟。当时钱币的最小整数单位是"文"，那么秦九昭给出的这个数值，相当于在小数点后给出了 11 个专名以记录不足一文钱的部分。对此，英国近代科学技术史专家李约瑟在其著作《中国科学技术史》中评价道：十进位值制计数法的使用在中国是极其古老的，可上推到公元前 14 世纪。在各文明古国当中，中国人在这方面是独一无二的。在把十进制用到度量衡中去这方面，他们尤其先进。因为正如萨顿所言，欧洲一直等到法国大革命的时候才开始这样做。也就是说，虽然在用这些专名来表示零头的时候，没有小数点等现代表达形式，但各个专名间是十进关系显然是毫无疑问的。

现在分析起来，使用这些专名表示零头部分的时候，每个数位都有一个名称，很难去掉度量衡的具体情境，因此妨碍了小数符号化的进程。不过因为十进的本质在那里，因此没有妨碍刘徽提出：在"忽"之下不再取名时，其后的数依次是"忽"的十分之几、百分之几、千分之几……在长度单位"尺"、"寸"之后，钱币单位"文"之后，皆是不断地"缩十"得到表示微数的专名"分"、"厘"、"毫"……按这样的逻辑走下去，"忽"之下的无名部分自然也是不断"缩十"，只不过不再取专名罢了。

如果说，刘徽想法中的微数和十进制记数法则间的关系还若隐若现的话，那荷兰工程师斯台文的想法中，这种内在的渊源关系则清晰多了。

斯台文明确提出，创造小数就是为了把分数变得像整数那样，从而避免分数的复杂计算。分数的计算复杂在哪里？这其中固然有古埃及分数概念不完善的原因，但分数的分母不同，计数单位就会不同，从而计算就麻烦，这也是客观事实。整数则不同，依据十进制记数法，整数即便有无数个，但其记数单位都相同，相互间的关系也单纯，所以，相对而言它的计算就方便。要把分数变得像整数那样，意味着十进制记数法也能适用于分数。从这个意义上看，小数的出现标志着十进制记数法从整数扩展到了分数，使得分数借助小数这一简写形式与整数在记数法则上得到了统一。

华罗庚说，数是数出来的。要数数，就得有数数的单位（也就是计数的单位）。人类先祖最早认识的计数单位显然是"个（一）"，以此单位为起点，左移就是"乘十",不断地得到比"个"大的计数单位;右移就是"缩十",不断地得到比"个"小的计数单位。小数部分不就是计数单位从"个"开始右移的结果吗?

综上所述,小数是十进分数的简写形式,但简写不是终极目的,终极目的是为了分数也能像整数那样"满十进一、退一作十"!整数、小数、分数因为十进位值、数的数数本质而得到了贯通。

教学探索

"'一'后面还有计数单位,用'一'再除以10"

教学内容:2015年苏教版教材五年级上册第30—31页。

教学目标:在创造新的计数单位的过程中深入理解小数的意义;感悟数系从整数向分数、小数扩展的思想;培养良好的学习习惯,提高学生的探究、归纳比较、推理能力。

一、关注课题,引出话题

师:今天我们一起来学习"小数的意义"(板书课题)。关于数,大家应该知道这句话(屏幕出示:数是数出来的——华罗庚)。来,一起读一读,注意停顿和重音。

生:(齐)数,是数出来的。

师:你看,大家的语文朗读水平也很高,读得真有味。很久没数过数了吧?

生:我数过的,我睡不着的时候就数羊。

师:还有这个用处!倒是没有想到。咱们回到数学中吧,不妨回顾一下咱们是怎么数数的。老师带来了一个计数器的模型,咱们一起来数一数。(课件中出示标明数位的计数器,在十位上依次拨上1粒珠,拨3次。)

生：（齐）10、20、30。

师：10、20、30也就是1个十、2个十、3个十，实际上大家最初就是这样数的。（继续在十位上依次拨珠子，又拨4次。）

生：（齐）4个十、5个十、6个十、7个十。

师：像这样，在十位上数数，其实就是在数什么？

生：就是数有几个十。

师：非常棒，接着数（继续在十位上依次拨3粒珠子）

生：8个十、9个十、10个十（1个百）。（前面数得很齐整，最后有的数成了"10个十"，有的数成了"1个百"）

师：咦，怎么会出现不同的声音？

生1：我认为10个十就是1个百，要向百位进一。

师：那也就是说，咱们数数的时候需要遵循一个法则，叫什么？

生：（齐）满十进一。（教师随学生发言，板书满十进一）

师：就听大家的话（屏幕出示：计数器十位上的10粒珠子向百位进一），接着数数看！（课件中的计数器在百位上依次拨3粒珠子）

生：（齐）1个百、2个百、3个百。

师：这会儿是在百位上数数了，大家在数什么？

生：数有几个百。

师：那推而广之，如果在千位上数数，就是在数——

生：数有几个千。

师：在个位上数数呢？

生：就是在数几个一。

师：谁能总结一下，数数就是在数什么？

学生没有反应。

师：个、十、百、千有一个共同的名字，叫什么？

生：数位。

师：数位就好像这张椅子所在的位置，个、十、百、千等显然不是这个位置，而是……

生：（兴奋地）叫计数单位！

师：对呀，计数单位和数位这两个概念经常容易混淆，大家要格外注意。

10　有些为什么只能由历史来回答——以"小数的意义"为例　▶ 155

打个比方，数位就如同一张椅子所在的位置，计数单位如同坐在椅子上的人。回答刚才的问题，数数实际上就是在数什么？

生：就是数有多少个计数单位。

师：数数有个规则叫"满十进一"。老师现在想把百位上的1粒珠子还回去，还到十位上要在十位上拨上几粒珠子？

生：要拨上10粒珠子，也就是1个百有10个十。

师：对，我们做减法的时候遇到不够减的情况就是这么做的，所以"满十进一"的另一面就是——

生：退一作十。（教师随学生回答，在"满十进一"下面板书"退一作十"）

【实时评析：我国著名数学家吴文俊认为，十进制思想是人类文明史的高峰，至少可以和中国传统的四大发明相媲美，但又因为其极为简单而又容易被忽视。课堂从华罗庚的"数是数出来的"经典话语引出旧知，重温整数的计数单位，再次理解"位值原则"以及计数单位之间的十进关系，明晰十进思想。】

二、读写小数，引发冲突

师：刚才咱们说的都是我们以前学习的计数知识，今天这节课我们学习小数的意义。小数认识吧？那谁来随便说个小数？

生：0.5。

师：比0.5大的？

生：0.9。

师：再大一点！

生：1.5。

师：大得多！

生：10000.9。

师：那有比0.5小的小数吗？

生2：0.008。

生3：0.000008。

师：刚才这一交流，大家对小数的读与写估计都没有问题了，下面的学习我们就重点来探讨它的意义。老师带来了一个小数，是多少？（屏幕出示

1.2元与两个长方形）1元容易表示（课件中把一个长方形涂为红色），谁来说说"1.2元"的".2"怎么表示？

生：是十分之二。

师：在图上怎么找呢？

生4：应该是1元中的十分之二。

生5：把长方形分成10份，取其中的2份。

生6：我不同意他的想法，应该是平均分成10份，再取其中的2份，大家同意我的想法吗？

师：刚才那位同学说得也不错（手指着生5），不要被别人一说就不自信了，其实就少了两个字儿，但我知道你明白！以后把这两个字带上了就好了！（生5微微点头）

生7：也可以把它平均分成5份，取其中的1份。

师：说的是一回事儿。好，谢谢。（屏幕出示：把第二个长方形平均分成10份，其中的2份被涂成红色）也就是说，这个".2"满不满1元？

生：不满。

师：现在挑战来了，同学们桌上都有一张作业纸，上面画了一个计数器（给学生的计数器有4个数位，从右往左分别标上了计数单位"个、十、百、千"）。在这上面拨数，你就直接在相应位上画一短横。我们试一个，拨出"439"。

学生在计数器模型上画短横拨出439。

师：说说怎么拨的？它表示什么意思？

生：在百位上画四短横，十位上画三短横，个位上画九短横，表示有4个百、3个十和9个一。

师：不错，就这么来。现在，我们的挑战是——请大家拨出1.2来！

学生独立在计数器模型上拨数。

三、交流碰撞，明晰认识

师：数学学习中独立思考很重要，这之后的交流更重要，因为在交流中我们才能完善自己的想法。老师随意点名了，请15号和32号同学展示你们的想法。

15号学生的拨法：1写在十位，2写在个位，小数点写在中间；

10 有些为什么只能由历史来回答——以"小数的意义"为例

32 号学生的拨法：把 1.2 都写在个位。

师：看了这两份作业，谁来说说你的想法。

生 8：我觉得 15 号同学写的不对。这个 1 写在十位上，表示 1 个十，可是我们要拨的是 1.2。

生 9：我认为 15 号同学和 32 号同学写的都不对。15 号同学把 1 写在十位上，但实际这个 1 并没有满十；32 号同学把 2 写在了个位上，但这个 2 没有满一，不能写在个位上。

师：我给大家一个建议好不好，我们讨论问题时逐个进行。比如说，先说第一位同学的，我们把它说透彻了，大家一致认为真的有问题后，我们再把它撤下来，再来说第二个，行吗？

生 10：我认为 15 号同学的写法表示 1 个十和 2 个一，1 个十和 2 个一表示的是 12，而 1.2 的"1"应该是写在个位上的，把它写在十位肯定是不对的，大家同意我的想法吗？

生：（齐声）同意！

师：有没有发现，有力量的是后面那句"同意吗"，引起大家的共鸣了！看来交流要讲究方法。既然如此，我把 15 号同学的写法给拿下来了。不过我们也得感谢他，他的写法让我们明白了，这个 1 肯定不能写到十位上。这样的话，那 32 号同学的写法就对了吧？这个 1 已经写到了个位上，总没有问题了吧？

生 11：32 号同学的"1"写对了，是写在个位上的，可是".2"写错了，它还没有满一，所以"2"不能写在个位上，大家同意我的想法吗？

师：哎，她刚才说的几句话中，哪几句特别重要？谁来重复一下？

生 12：因为".2"没有满十，所以不能写在个位上。

生 13：我不同意他的想法，应该是".2"没有满一，所以不能写在个位上，大家同意我的想法吗？

师：他（指生 12）刚才有点口误，".2"的"2"不满一，所以不能写在个位上。那换句话说，写在个位上的数最小是多少？

生：1。

师：那这个".2"该写到哪儿去啊？

生：往后面写。

师：请允许我插一句。我刚刚在大连上课，也是四年级的孩子，也在动脑筋。他是这么写的，你觉得怎么样？（出示作业纸："1"写在个位，然后在十位、百位、千位的地方写了省略号，"2"写在千位的左边。）

生14：我认为也不对，这个数他写在前面，比千大的就是万位了。它应该写在个位的后面。

师：我觉得我们讨论的时候要先学会表扬人，比如说这种写法好在哪里，他这么写说明哪一点他已经思考清楚了。

生15：1.2的"1"已经满一了，要写在个位上。但"2"不满一，所以不能写到个位上。

师：不能写在个位上，那他写到哪里去了？这样写有什么问题？

生16：他写在了千位的前面，那是万位了，所以也错了。

师：一个好老师有时候就是坏坏的，总是安排很多挑战等着大家，让你们一不小心就露出不懂的马脚来。那"2"怎么写呢？（展示学生的写法："1"写在个位上，"2"写在个位后面）

师：看看这位同学的写法。

生17：我不同意，他没有写小数点，应该加上小数点。

师：（点上小数点）现在同意吗？

生18：不同意，（上台指着已经写在个位后面的"2"的上面空白处）我认为这里最好加个计数单位。

【实时评析：历史上人类创造新的数学知识，总是因为原有的认识已经无法解决新的问题。给学生的计数器模型只有整数部分，但要拨出1.2来，逼迫着学生综合运用计数的所有旧知与经验去突围，这就是历史时刻的再现。】

四、考察计数单位表，创造新单位

师：好，我们慢慢来。有一点看来我们大家已经认可了，这个"2"只能写到个位的——后面。刚才她非常棒，进一步提醒我们去思考一个新的问题，感谢她（指生18）！那"2"表示什么呀？

生19：我认为是这样的，"2"表示1的十分之二，大家同意我的想法吗？

生：（齐）同意。

生20：我认为"2"表示0.2的意思。

师：哎，"2"就表示0.2，看来大家有新的发现了！

生21:"2"一定是个新的单位,而且是比"个"小的单位。

师:我感觉大家这会儿对"2"表示什么意思有点迷茫了,对不对?这种时候我给大家一个建议,当你对新知识感到迷茫的时候,实际上是对旧知识的理解还不全面、不透彻。大家看,这是我们人类最早认识的计数单位"个(一)",一个一个数太麻烦,满十进一也就是把"个"乘10得到一个新的计数单位"十",再不断地满十进一,也就是依次乘10,相应地得到一个更大的计数单位百、千。那什么叫对新知识有了更全面、更透彻的认识?你看,我们从右往左观察,是依次乘10得到一个更大的计数单位(见右图),那么——

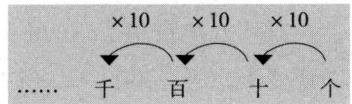

生22:从右往左观察,是一个个变大;从左往右观察,肯定是越来越小,一个个缩小为原来的十分之一。

生23:从左往右数,是依次除以10。

师:是不是呢?来看(屏幕出示从左往右的箭头,以及依次"÷10",见右图)。以前到了"个(一)"这个地方就到底了,"个(一)"就是最小的计数单位。那么,"个(一)"后面还有计数单位吗?是什么呢?

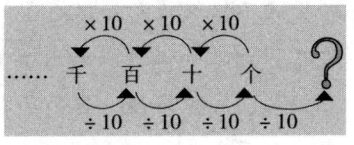

生24:"一"后面还有计数单位,用"一"再除以10。

师:那是多少呀?

生25:那是十分位。

生26:我知道为什么是十分位,因为它是1,除以了10也就是个的十分之一。

师:谁听清楚了?他刚才说——

生27:(小声地)"一"就是"个",1去除以10就是……

师:你最关键的地方没有说给大家听。自信点!大声告诉大家!

生27:(大声地)因为"个"再除以10,就是十分之一,就叫十分位。

师:"一"除以10就相当于把1平均分成——

生:10份。

师:那1份是——

生：1份就是十分之一，或者叫0.1。

师：把"一"除以10，得到新的单位"十分之一（0.1）"，"十分之一（0.1）"所在的地方就是十分位。那十分之一是最小的单位了吗？

生：不是，还有0.01。

师：怎么来的？

生：就是十分之一再除以10，就是百分之一。

师：后面还有吗？

生：千分之一、万分之一。

师：规律找到了，就不好玩了，老师用省略号表示更多的计数单位。刚才说"十分之一（0.1）"所在的地方叫十分位，那么其他新的计数单位所在的地方叫什么呢？

生：分别叫百分位、千分位、万分位。

【实时评析：数学具有统一性，不同的知识点往往有统一的内在逻辑。因而，要洞悉新知识的意义，可以从把握旧知识的内在逻辑入手。这样教学，给予的不仅仅是新知识的意义，更为重要的是如何产生新知识的经验。当然，也正因为新知识可以利用旧知识的内在逻辑推理出来，因此，学生获得的新知识与旧知识浑然一体，小数部分各个计数单位是十进制计数法由一个数的整数部分向小数部分的推广而已，学生感受到的是逻辑的力量。教学若通过 1分米 = $\frac{1}{10}$ 米 =0.1米、1角 = $\frac{1}{10}$ 元 =0.1元这样计量单位的换算来感受小数部分的计数单位，虽然起点比较低，但学生只是在形式上感受到了0.1就是十分之一，并没有形成知识间的内在联系。两种路径的教学，孰优孰劣，一目了然。】

五、深入感受"数是数出来的"

师：这样一来，一个小数就分成了三部分：整数部分、小数部分和小数点。现在谁能说说1.2表示什么？

生28：1.2表示1个一和2个十分之一。

师：真好！我这么说行吗？ 1.2表示1个一、2个0.1。

生：（齐）可以。

师：（出示1.26）这会儿比刚才难了，能说清楚它的意义吗？

生29：表示1个一、2个0.1和6个0.01。

师：还有另外一种说法，女生你来！

生30：就是1个一、2个十分和6个百分。

生31：我来补充，表示1个一、2个十分之一和6个百分之一。

师：要注意，计数单位的名字是十分之一和百分之一。还要注意回答问题时要把话说完整了。比如1.26表示1个一、2个十分之一和6个百分之一。再来。（出示23.41）

生32：这个表示2个十、3个一、4个十分之一和1个百分之一，大家同意我的看法吗？

生：（齐）同意。

教师出示0.058。

生33：我觉得表示5个百分之一和8个千分之一，大家同意我的看法吗？

生34：我还有一种说法，就是0个1、0个0.1、5个0.01和8个0.001，大家同意我的想法吗？

生35：我觉得个位上和十分位上不需要说有几个单位了。

师：那这里的"0"有什么作用？

生36：这里的"0"用来占位。所以，我们不需要说它有0个计数单位。

师：真棒，五年级的知识，大家学得真好。我们刚才都是冷静地思考，还不知道这些计数单位在数学上都长啥样呢。想看看长什么样吗？看看，（课件出示▮）如果"一"长这个样子，那你觉得"十分之一"长什么样子？

生：像老师的手指头那么瘦。

师：（屏幕出示▮）看谁能用数学语言描述准确！

生37：就是把"一"减肥减成十份。

生38：我觉得是把"1"平均分成10份，只剩下其中的1份。

师：恭喜这位女孩，用数学语言说准确了。就相当于把这个正方形平均分成10份，剩下其中的1份。你知道下面该看谁长什么样吗？

生：百分之一。

师：谁再来说说看？

生39：把"1"平均分成100份，取其中的1份就是百分之一。

师：你（指生39）准确描述了怎么得到百分之一，还有其他办法得到百分之一吗？谁还能描述一下它长什么样子？

生40："还可以把"十分之一"再平均分成10份，1份就是百分之一。

生41："百分之一"是非常小的方块。

生42：也可能比又细又长的"十分之一"还要瘦。

师：（出示 ▭ ）。现在，老师把这些单位都给组合在一起了（见下图），你能计数吗？

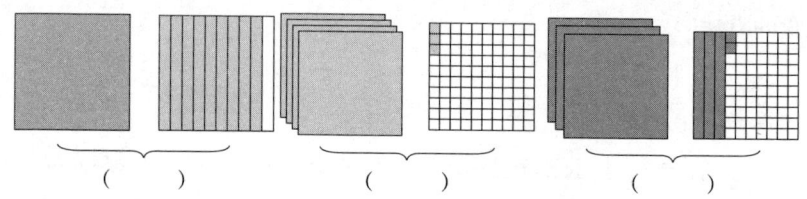

生：第一个图表示1.9。

师：如果老师把空白的十分之一也涂满，那表示多少了？

生：2。

师：那你们说得那么多的"十分之一"去哪儿了？

生：我觉得这么多"十分之一"都进到个位去了。

师：恭喜各位，我们以前只知道整数部分能满十进一，现在发现满十进一也能在小数部分和整数部分之间进行。这是非常大的收获，继续来！从第二幅图看出了哪个数？

生43：4.3。

生44：不对，应该是4.03，把"1"平均分成了100份，取其中的1份就是0.01。

师：4.3的错给了我们一个教训，我们计数首先还是要找准什么？

生：计数单位。

师：对了，找准计数单位，再慢慢来。那么，0有什么用呢？

生：0用来占位。

师：最后一幅图。

生：3.32。

师：这里的一小格是计数单位"百分之一"，这里十分位的"3"是从哪儿来的？

生：因为已经满了3个十分之一，所以这3个十分之一就化成了0.3。

师：谁能说得更明白些？

生45：一共有32个百分之一，其中30个百分之一就可以看成3个十分之一，因为满十进一。

师：好，又是满十进一。来点有难度的，现在如果把3.32这个数看成一个整体，你看到了332个什么？

生：332个百分之一。

师：300是从哪里来的？

生：1个一就是100个百分之一，3就是300个百分之一。

【实时评析：如果说第四环节"创造新单位"的逻辑推理是冰冷的话，那么本环节的练习巩固是温情的，把"个"、"十分之一"、"百分之一"用几何直观表示出来，把计数单位演绎得看得见、摸得着。在练习中，也一直突出计数单位在计数中的核心作用，并通过练习后的追问引导学生将整数知识中的计数规则和经验自我拓展到一个数的小数部分。所有这些都表明，教学凸显了十进制计数的课堂主线。】

六、总结拓展

师：到这会儿，我们需要总结了。今天学的是——小数的意义，小数原本就是以前学的什么数？

生：就是以前的分数。

师：说得更具体些，一个零点几的小数就是怎样的分数？

生：就是十分之几、几分之几的分数。

师：几分之几和十分之几有区别吗？

生：几分之几也有可能是百分之一、千分之一。

师：几分之几还可以是三分之一、五分之二吗？而十分之几的分母——

生：十分之几的分母就是10，几分之几的分母随便是多少。

师：所以要说准确。一位小数就是十分之几的分数，那两位小数就是怎样的分数？

生：百分之几。

师：也就是分母是——

生：100。

师：那千分之几表示什么？

生：千分之几表示三位小数。

师：好，接着看屏幕，你又看到了什么？（课件出示如右图的图片）

生：我看到一个人跌到了坑里，那里装满了数和加减符号。

师：仔细看，是什么数？

生：都是分数。

师：对，给这幅图拟个标题就是"掉进分数计算里去了"。是不是很好奇，这个说法表示什么意思呢？

学生们一脸纳闷。

师：我讲一个历史故事你们就明白了。人类使用的整数有无数个，但是计数单位都是"个、十、百、千、万"等，所以整数的加减乘除计算就很方便。但分数就不同了，我们后面学习会知道分数的分母不一样，它的单位就不一样，因此分数的计算可麻烦了！麻烦到什么程度呢？如果穿越回到几百年前，你能计算 8 个分数的计算，那你就是顶尖的数学家！所以，分数特别羡慕整数，希望把自己的计数单位变得像整数一样能"满十进一、退一作十"，这样就能像整数那样方便地进行计算了。但分数不能直接变过来，于是就找了"小数"作为桥梁把分数和整数联系了起来。所以，小数又可以叫作"十进分数"。

学生们都会意地笑了。

师：如果你以后有机会去德国，遇到人说"这个人掉到分数计算里去了"不必感到惊讶，这实际上就是说——

生：就是说这个人遇上麻烦了！

师：对，因此人类创造了小数，以避免分数计算的烦琐。课的最后让我们再来品读一下华罗庚爷爷的这句话——

生：（齐声）数是数出来的。

师：通过一节课的学习，大家对此应该有了新的认识和体会，希望以后继续在这句话的指导下去学习新的数的知识。下课！

【实时评析：通过历史故事与德国俚语，引导学生思考整数、分数、小数三者之间的关系，把握人们创造小数的本源是运用十进制思想扩展数系，使得分数在形式上归属于十进制计数法。课以"数是数出来的"开篇，再以此来结束，进一步凸显了本课推进的逻辑主线——十进制计数思想。整堂课似乎数学史用得不多，但以"十进制计数思想"为逻辑主线的设计恰恰是小数史给予数学教育的最大启示。】

提示解读

用历史弥补逻辑的无能

小学生好奇心强，好问"为什么"。如果问"为什么0没有倒数"，就可以依据定义这样来回答："因为乘积为1的两个数互为倒数，0和任何数相乘都得0，找不到一个数和0相乘得1，所以0自然没有倒数"。如果学生问：0—9为什么叫阿拉伯数字？为什么单位"厘米"简写成"cm"？加号、减号为什么写成这样？为什么称未知数为"元"，方程的解为"根"？……诸如此类问题，该如何回答？

可以发现，有些"为什么"的问题，在逻辑上已经无从回答，即便是一个数学上满腹经纶的老师都深感棘手。在小数意义的学习中，也有两个这样的典型问题。其一，有比1小的小数，但也有比几万大的小数。小数不小啊，为什么要称为"小数"呢？其二，人类已经用分数来表示有零头的数，为什么还要创造小数？

教学为了追求深度理解，必须要引导学生多问"为什么"。有学者将学生们问的"为什么"分成了两类，一类为"逻辑上的为什么"，如上文提到的"为什么0没有倒数"；一类为"历史上的为什么"，上文所列举的其他的"为什么"问题都属于此类。对"逻辑上的为什么"可以利用教科书中的定义和逻辑做出回答，而对"历史上的为什么"很多教科书已经无能为力了。一方面，师生据此进行教学活动的教科书，具有概括性和简明性，在编写过程中无奈略去了很多细节。省略的东西，用著名数学家 M. 克莱因在其著作《古今数学思想》序言中的话来说，就是"课本上字斟句酌的叙述，未能表现出数学思维创造过程中的斗争与挣扎、挫折与失败，以及在建立一个数学结构之前，数学家所经历的艰苦漫长的努力"[1]，只剩下了纯粹的概念、符号、公式、定理、问题。另一方面，教科书中的数学要依据儿童的心理和年龄特点，对学术形态的数学进行改造，改造中无奈改变了概念及规律的原有表述、知识间原有的逻辑关系，以及知识产生发展的原有顺序，进行了概念及其相互间逻辑关系的重构，以至和数学的原来面貌有了不小的距离。所以，孩子们很多"为什么"的问题，不关乎数学的定义和逻辑，只能超越数学的教育形态，用数学史来回答。

回到本课例。在小数意义的学习中，上文提及的两个"为什么"的问题显然是学生经过认真思考的。回答好这两个问题，也是有价值的。小数诞生之初，的确是为了表示很小的数，但随着历史的推移，概念名称的字面意义和概念的内在意义已经分道扬镳了。所以，从数学概念的现代意义看，有些概念的名称与概念表达的意义似乎不相称，但历史会解释一个概念为什么这么称谓，不会无缘无故，一定有段合情合理的历史。如虚数，真的曾经很虚无；无理数，真的曾经很没有道理……

至于第二个"为什么"，案例本身已经做出了很好的回答。教学如果遵循教科书，从"分米和米、厘米和米"之间的关系入手，把一段长度既用小数表示，又用分数表示，从而发现小数和分数间的关系，虽然这样教学起点低，但学生发现的只是小数和分数形式上的联系，没有体会到两者间内在的本质联系，更不会体会到人类创造小数更为深远的价值。从数学史角度重构小数的意义，并不是制造教学的噱头，而是开掘了一条理解小数意义的新路径，让学生更深刻地理解了小数的意义、把握了小数的价值，用十进制计数法和"数是数出来的"等更为核心的本质统摄了整数、小数、分数三者间关系。

数学史，研究数学知识的起源、形成与发展，向前能诠释一个知识、一种思想乃至一个数学分支的源，向后能诠释它们的流。对于寻求理解"现在

---

[1] 克莱因. 古今数学思想：第一册 [M]. 张理京, 张锦炎, 江泽涵, 译. 上海: 上海科学技术出版社, 2002: 序 4.

之所以成为现在这样子"的我们来说,过去的事情都在历史里,所以从这个意义上说,数学史提供了整个课程的概貌。因此,用数学史去弥补逻辑的无能,对学生提出的"历史上的为什么"问题一个个地给出贴切的回答,能取得逻辑奢望取得的价值:绝大多数人以为数学家们是神坛上的神,但历史会告诉你,他们遇到棘手问题时同样有很多错误,对全新的认识也会恐惧,相互间也会争名夺利,他们实际上也是人。绝大多数人认为数学的符号、名称是不讲道理的冷冰冰的规定,但历史会告诉你,一个数学符号、数学约定战胜了其他符号和其他约定,得到大范围的认可和运用,其原因不过是因为更简单、更方便、更美观等,它们实际上充满了人性。可以想象,一个经常感受数学的温情和人性的学生,也会是个对数学学科充满感情的人。

参考文献

阿西莫夫. 数的趣谈 [M]. 洪丕柱, 周昌忠, 译. 上海：上海科学技术出版社, 1983.

波耶. 微积分概念发展史 [M]. 康生, 译. 上海：复旦大学出版社, 2011.

丹齐克. 数：科学的语言 [M]. 苏仲湘, 译. 上海：上海教育出版社, 2000.

迪厄多内. 当代数学：为了人类心智的荣耀 [M]. 沈永欢, 译. 上海：上海教育出版社, 1999.

弗赖登塔尔. 数学教育再探：在中国的讲学 [M]. 刘意竹, 杨刚, 等, 译. 上海：上海教育出版社, 1999.

郜舒竹. 用"联系"的眼光看竖式 [J]. 教学月刊（小学版）, 2014（3）：4-6.

郜舒竹. 从十进制的认识看"变教为学"的过程性 [J]. 教学月刊（小学版）, 2014（11）：5-7.

桂质亮. 古代数学符号的发展与演变 [J]. 华中师范大学学报（自然科学版）, 1989（3）：447-455.

郭聪. 计时器的演变 [J]. 百科知识, 2010（12）：52-54.

郭龙先. 代数学思想史的文化解读：从结绳记事到无穷集合 [M]. 上海：上海三联书店, 2011.

韩祥临. 数学史简明教程 [M]. 杭州：浙江教育出版社, 2003.

Holford-Strevens. 时间的历史 [M]. 萧耐园, 译. 北京：外语教学与研究出版社, 2007.

怀特. 文化的科学：人类与文明研究 [M]. 沈原, 黄兢, 黄玲伊, 译. 济南：山东人民出版社, 1988.

江晓原. 科学史十五讲 [M]. 北京：北京大学出版社, 2006.

Katz. 数学史通论 [M]. 李文林, 邹建成, 胥鸣伟, 等, 译. 北京：高等教育出版社, 2004：序言.

克莱因. 古今数学思想：第一册 [M]. 张理京, 张锦炎, 江泽涵, 译. 上海：上海科学技术出版社, 2002.

克莱因. 数学：确定性的丧失 [M]. 李宏魁, 译. 长沙：湖南科学技术出版社, 2007.

李迪, 冯立升. 清代数学家使用笔算略论 [J]. 西北大学学报（自然科学版）, 1998（6）：461-466.

李文林. 数学史概论 [M]. 北京：高等教育出版社, 2002.

梁宗巨, 王青建, 孙宏安. 世界数学通史: 下册 [M]. 沈阳: 辽宁教育出版社, 2000.

刘晓婷. 带着问题做教材研究: 从竖式计算的"标准形式"带来的困扰谈起 [J]. 小学教学, 2014（4）: 46-49.

Livio. 数学沉思录: 古今数学思想的发展与演变 [M]. 黄征, 译. 北京: 人民邮电出版社, 2010.

丘光明. 黄钟、累黍与中国古代度量衡标准 [J]. 中国计量, 2006（2）: 45-48.

瑞德. 希尔伯特: 数学世界的亚历山大 [M]. 袁向东, 李文林, 译. 上海: 上海科学技术出版社, 1982.

沈文选, 杨清桃. 数学史话览胜 [M]. 哈尔滨: 哈尔滨工业大学出版社, 2008.

史宁中. 论数以及数字符号的产生 [J]. 东北师大学报（哲学社会科学版）, 2000（6）: 31-35.

汪晓勤. 为什么称未知数为"元"[J]. 数学教学, 2012（8）: 26-29.

汪晓勤, 樊校. 用字母表示数的历史 [J]. 数学教学, 2011（9）: 24-27.

王青建. 古代的负数记法 [J]. 辽宁师范大学学报（自然科学版）, 1998（3）: 177-181.

吴慧. 中国度量衡史的几个问题 [J]. 北京师范大学学报（社会科学版）, 1992（3）: 87-96.

吴文俊. 吴文俊论数学机械化 [M]. 济南: 山东教育出版社, 1995.

徐品方, 张红, 宁锐. 中学数学简史 [M]. 北京: 科学出版社, 2007.

袁小明. 初等数学简史 [M]. 北京: 人民教育出版社, 1990.

袁小明. 数学思想史导论 [M]. 南宁: 广西教育出版社, 1991.

曾小平, 韩龙淑. 除法竖式的发展与教学 [J]. 小学教学, 2011（11）: 46-68.

张绍飞. 强化数学统一观的认识: 兼谈数学素质的培养 [J]. 高等理科教育, 2007（4）: 4-9.

张顺燕. 数学与文化: 续 在北大数学文化节上的报告 [J]. 中学数学月刊, 2001（2）: 1-3.

张学锋. 清末《笔算数学》的内容、传播及其影响 [J]. 中国科技史杂志, 2013（3）: 316-329.

中华人民共和国教育部. 义务教育数学课程标准: 2011年版 [M]. 北京: 北京师范大学出版社, 2012.

中小学数学编者. 话说"记时法"[J]. 中小学数学（小学版）, 2013（5）: 10-18.

钟选. 有关整数四则运算史料简介 [J]. 北京师范大学学报（自然科学版）, 1976（Z1）: 152-163.

朱家生. 数学史 [M]. 北京: 高等教育出版社, 2004.

朱洁芬. 竖式教学: 让知识价值显现 [J]. 教育研究与评论, 2015（2）: 48-51.